TENGO ALGO QUE CONTARTE

TENGO ALGO QUE CONTARTE

Alfonso Aguirre

AGUILAR

El papel utilizado para la impresión de este libro ha sido fabricado a partir de madera procedente de bosques y plantaciones gestionadas con los más altos estándares ambientales, garantizando una explotación de los recursos sostenible con el medio ambiente y beneficiosa para las personas.

Penguin Random House Grupo Editorial

Tengo algo que contarte

Primera edición: mayo, 2022
Primera reimpresión: noviembre, 2022

penguinlibros.com

ISBN: 978-607-381-496-6

Impreso en México – *Printed in Mexico*

Índice

1

PASAPORTE A CASA

Tomé mi celular y vi que mis amigos estaban en nuestra fiesta de graduación. Yo había decidido no ir. Eso no significaba que después de todos esos años de sacrificios no fuera a celebrar. ¡Claro que había que hacerlo! Había esperado toda una vida para ese día.

Pero, número uno: en ese momento mis ahorros y mi presupuesto prácticamente estaban en ceros porque semestres atrás había decidido emprender y trabajar al mismo tiempo para pagar al 100% toda mi carrera en una de las mejores universidades del país. Eso consumía todo el dinero que ganaba.

Número dos: cuando nos presentaron el plan de la fiesta de graduación, al mismo tiempo y de la nada, mientras veía Twitter, encontré una oportunidad de oro que no podía dejar pasar. Un evento y un viaje que me ayudarían a entender lo que seguiría para mi vida de ahí en adelante. Porque no, aún en mi último semestre no lo tenía claro. Para eso no dudé en gastar hasta el último peso que me quedaba. Ya resolvería después cómo ganar más dinero para reponerlo.

Y número tres: nunca me han llamado la atención las fiestas ni el alcohol.

Iba en camino a celebrar, pero a mi propio estilo.

Para no tener sentimientos encontrados cerré las *stories* de Instagram que estaba viendo, deslicé el dedo para activar el modo avión y guardé mi celular. Lo que hice fue mirar hacia la derecha. Estábamos despegando. Así que pude ver cómo pasaba por la ventana la escena que tanto me emociona, en la que primero vas acelerando y la pista se mueve cada vez más rápido.

En la mañana todo había salido mal. Mientras hacía mi maleta pedí una pizza que me cobraron y nunca llegó y no me reembolsaron. Después, cuando salí sin comer, mi papá se equivocó de carretera. Afortunadamente habíamos salido con tiempo, encontramos un retorno y pude llegar al aeropuerto y no perder el vuelo.

Cuando el avión ya se había estabilizado en el aire y el piloto había anunciado la altura a la que íbamos, saqué de mi mochila una de mis libretas favoritas de pasta negra y hojas color crema. Soy muy especial con las libretas. Si no me gusta o no es la indicada, no puedo escribir nada. Entre las plumas que llevaba escogí una de color azul. Siento que con ese tono me fluyen mucho más las ideas desde la mente hasta la punta de la pluma. Abrí la libreta en una nueva hoja, traté de quitarme de los pensamientos que mis amigos estaban en nuestra fiesta y escribí la pregunta más importante que una persona a mi edad y en mis circunstancias tiene que hacerse: *¿y ahora qué?* Una pregunta difícil.

Para ese momento ya había leído miles de artículos y había escuchado muchos episodios de diferentes pódcast que hablaban sobre cómo puedes descubrir tu propósito. También fui a todas las conferencias que había en mi universidad de personas notables y exitosas. Pero aun así no sabía cuál era mi destino y mucho menos qué seguía ahora.

Era frustrante, porque sentía que tenía mucho que dar, mucho por hacer, muchas cosas que cambiar. Pero entre tanto pensar, no sabía qué elegir o por dónde empezar. De hecho, ni siquiera se me ocurrían ideas concretas.

Para ser honesto, durante toda mi vida creí que cuando te graduabas tenías la vida resuelta. Así nos lo pintaban. Desde que somos niños crecemos escuchando que tenemos que llegar hasta ese momento pase lo que pase. "Vas a crecer para ser doctor, arquitecto o ingeniero, casarte y tener hijos." Esa es siempre la historia que eligen por nosotros y nos cuentan como única opción.

Un día antes había sido la ceremonia oficial y académica de graduación, y no me la iba a perder por nada en el mundo.

No pude subir al escenario a dar el discurso de graduación que siempre había soñado. Ese año mi universidad había decidido que, en lugar de un alumno, el gran discurso lo daría un invitado especial. Alguien *senior*. Aunque en el momento no me importó, ahora sigo guardando la esperanza de que algún día lograré dar mi discurso. Quién sabe, tal vez en maestría.

Pero sí subí al escenario a recoger mi título. Cuando fue mi turno y escuché mi nombre me sentí la persona más orgullosa de sí misma. Definitivamente fue un momento que voy a recordar para siempre, porque, siendo honestos, fue un camino largo. De hecho, al principio estaba muy confundido porque me gustaban cosas tan diferentes como animación digital, economía y negocios. Si la línea sagrada del tiempo se rompiera, tal vez podríamos encontrar a mis otros yoes haciendo películas en Pixar, a otro trabajando en la Organización de las Naciones Unidas, programando una aplicación en Silicon Valley, organizando los Óscares 2023, lanzándome para un cargo público y otro Alfonso retirado de todo en Edimburgo escribiendo un libro de ficción.

En lugar de tomar cualquiera de esos caminos, después de ver un sorprendente video de lo que implica el trabajo de ingeniería que hay detrás de los parques de Disney decidí que quería ser ingeniero industrial. Exacto. Nadie me veía con ese perfil. Pero yo sí me visualizaba así.

Tuvieron que pasar cinco semestres en los que estuve involucrado en todos los grupos estudiantiles, actividades y causas que se podían, menos en las clases (porque no me gustaban), para que un día me diera cuenta de que eso no era lo mío.

Fue de esas veces en las que sientes que algo no va bien. Después de probar muchas cosas, no nada más pensarlas, comprendí que eso era lo que en realidad me gustaba. Recuerdo perfecto el domingo en que terminé de leer un libro que hablaba de todo lo que estaba pasando en cada país del mundo, en temas de relaciones y tratados internacionales, y al final me pregunté: "¿Qué estás leyendo? ¿Cuáles son los temas que realmente te atraen? ¿Por qué si les dedicas tanto de tu tiempo extra a estos temas no los tomas de tiempo completo? Al día siguiente fui a cambiarme de carrera a Negocios Internacionales. A partir de ahí me prometí a mí mismo disfrutar y aprovechar al máximo cada clase y cada oportunidad hasta el último día.

Desde ese momento me sentí como pez en el agua. No más materias que no me interesaban. ¡Al contrario! Y aunque tenía que correr todos los días de mi casa a las clases, de las clases a eventos y de eventos a juntas del trabajo, me pude organizar muy bien. Además, me encantaba lo que hacía. Trabajaba directamente en la oficina del alcalde de mi ciudad. A diario sentía que lo que hacíamos impactaba directamente en la vida de las personas. Por otro lado, sabía que si no daba mi cien o más, me quitarían la oportunidad. Sin esa oportunidad económica, no habría universidad. Y si no había buenas calificaciones y resultados, de nada hubiera servido el sacrificio.

Como estudiante me tomé tan en serio mi rol como alguien de negocios internacionales que ahorré lo más que pude y convencí al alcalde y a su esposa de que dejarme ir a estudiar un verano en Polonia y otro a Corea del Sur iba a ser una buena inversión de su permiso y de su aprobación. Sorprendentemente me dijeron que sí sin pensarlo dos veces aun cuando el trabajo remoto no era tan común en ese año. Pero creo que les encantó que ambos años yo regresé con presentaciones llenas de datos de lo que hacían en otros países para avanzar e ideas de todo lo que podíamos hacer en el nuestro.

A quién quiero engañar, fue una de mis mejores épocas. Aunque ya me sentía un gran adulto, sí aproveché para hacer todo lo que quise y más. Me desvelé como nunca. Estuve inscrito en todos los proyectos extracurriculares, viajes y experiencias.

Y, aun así, el día de mi graduación pensé que si hubiera podido decirle algo a mi yo novato cuando estaba entrando por primera vez a ese mismo auditorio el día de su introducción al campus, hubiera sido esto: "Si estás pensando en meterte en todo, ¡hazlo ya! Duerme menos. Diviértete más. No dejes ningún proyecto como idea. Y empieza todos los emprendimientos que se puedan".

Aunque no podría regresar al pasado para decirme esas palabras, sí había escrito una nota varios años antes para leerla el día de mi graduación. Esa nota la llevaba conmigo en la bolsa derecha de mi traje, junto con mi celular. Decía así:

> Alfonso:
>
> ¡Felicidades! Después de todo, lo lograste. Sé que probablemente estés sintiendo y pensando muchas cosas. Y tal vez tengas miedo o estés preocupado por el futuro y por todo lo que sigue. Pero esto es lo más importante que tienes que saber hoy: nunca olvides que el éxito en la vida depende del coraje con el que la enfrentes en tu día a día.

Qué razón tenía. La había leído en la mañana. Fue difícil no abrirla durante todos los años que había estado guardada en un sobre en lo más profundo del cajón.

Por último, me despedí de mis amigos con los que había estado en cada clase durante todos esos años y me tomé una foto con mi familia. La verdad, estaban más emocionados que yo. También me tomé una foto con mi título y la publiqué en mi cuenta de Instagram, cosa que jamás hacía, a excepción de unas dos o tres veces al año.

Fue un día bonito. Pero jamás, ni en un millón de años, me imaginé que la emoción de mi propia graduación no iba a durar más que algunos minutos. No sé si fue porque el evento duró muy poco, porque estaba nervioso o porque estaba emocionado por lo que iba a pasar al día siguiente, pero no pasó lo que me había imaginado. Creía que justo en el momento de recoger mi título me iba a sentir como una persona diferente. Tal vez muy en el fondo esperaba que justamente ese día me convertiría en automático en un adulto responsable, exitoso, estable y con un camino bien definido para toda la vida de ahí en adelante. Pero en lugar de eso me sentí igual que siempre.

A pesar de que en las pláticas con las personas de mi generación y con mis amigos muchos hacían parecer que ya lo tenían todo resuelto, yo siempre fui muy sincero con ellos y sobre todo conmigo mismo: aún no tenía un plan. Aunque para ese momento ya debería haberlo tenido, o al menos eso es lo que nos hacen creer. Si le hubiera preguntado a alguien mayor, me hubiera dicho que para ese punto ya debería haber enviado miles de currículums, haber tenido algunas entrevistas, hecho prácticas en alguna empresa y hasta haber aceptado alguna propuesta formal de trabajo.

Pero lo "normal" no es un parámetro que a mí me guste seguir o hacer. Siempre supe que quería tomar mi propio camino. De hecho, lo único que estuve esperando por meses fue mi graduación, y no para buscar un nuevo trabajo, sino para tener, ahora sí, el cien por ciento de mi tiempo para mí, para mis proyectos y para todo lo que yo quisiera hacer. Porque, si lo pensaba, mi vida había consistido básicamente en tratar de balancear la cantidad enorme de pendientes de mis clases con las miles de actividades en las que me encantaba involucrarme, mis emprendimientos y mi trabajo.

Así que más que sentirme preocupado, me sentía libre. De hecho, esas horas que duró el vuelo, aunque fueran pocas, fueron las primeras en que me sentí realmente en paz desde hacía mucho tiempo. Por ello tenía que aprovechar para pensar y tratar de contestar *esa* pregunta, porque pronto iba a llegar el momento de tomar decisiones importantes.

De algo estaba seguro. Había elegido una carrera que me iba a servir para todo lo que quisiera hacer. Negocios Internacionales me había dado una perspectiva única de cómo estaba realmente el mundo. También tuve algunas experiencias nacionales e internacionales que habían cambiado para siempre mi manera de ser y de pensar, en específico, esos intercambios a Europa y Corea. No hay día en que no aplique los aprendizajes que tuve al entender esas diferentes culturas. Y al mismo tiempo la carrera me hizo voltear a ver cómo es que se crean, se mantienen y crecen las grandes empresas alrededor de todo el planeta. Fue como aprovechar lo mejor de los dos mundos: la geopolítica y los negocios.

Pero no solo me enfocaba en esas dos grandes pasiones en mi vida. También me considero un creativo. Si alguien pudiera ver todos los archivos de mi computadora podría confirmar que soy una persona de ideas. De hecho, toda mi vida soñé con ser escritor. Justamente esos últimos seis meses no sé cómo logré organizar mi calendario para escribir a diario. Estuve trabajando en un manuscrito para lo que sería mi primer posible libro, el cual había impreso un día antes y lo llevaba bien guardado en una carpeta negra en mi mochila. Nadie lo había leído.

Y aunque había pasado solamente un día, sabía que lo que estaba por suceder me ayudaría a definir mi *¿ahora qué?*

Seguí apuntando ideas en mi libreta, sin llegar aún a la respuesta. Luego de un rato me escribí a mí mismo un recordatorio al final de la hoja: "Disfruta este viaje, disfruta esta experiencia. Es algo con lo que siempre soñaste", e inmediatamente respiré, cerré la libreta y sentí la emoción de todo lo que había planeado y estaba por pasar durante ese corto pero interesante viaje. En mi celebración.

Me puse mis audífonos y le di *play* a "Adventure of a Lifetime" de Coldplay. Esa canción representaba exactamente cómo me sentía: emocionado por la aventura que iba a tener una sola vez en la vida.

¿Quién no se sentiría así cuando está en camino a conocer, por primera y posiblemente única vez, a una de las dos personas que más admiras y que más te inspiran?

En una de las escenas de la película *Pasante de moda*, que está muy arriba en mi lista de favoritas porque trata sobre la CEO de una empresa de comercio electrónico que crece rápidamente (no sé en dónde encuentro la coincidencia conmigo), hay un diálogo que nunca me he podido quitar de la cabeza. Están todos en un bar y Jules, interpretada por la única e increíble Anne Hathaway, le dice a su grupo de practicantes lo siguiente: "A nosotras las mujeres nos dicen todo el tiempo que podemos lograr lo que sea. Tenemos a ejemplos como Oprah, y fuimos la generación del 'tú puedes'. Pero a ustedes —los hombres— no los animaron lo suficiente". Auch, eso dolió. Por lo general las verdades duelen porque son precisamente eso: verdades.

Si nos ponemos a analizar la forma de ser de las generaciones anteriores a las nuestras, en los setenta, ochenta y principios de los noventa, era muy normal escuchar historias inspiradoras por todas partes. Los hombres admiraban a Michael Jordan por su impresionante historia de superación hasta llegar a la cima, y admiraban la destreza y elegancia de personajes como James Bond. Las mujeres sí tenían a Oprah, pero también a Margaret Thatcher y a personajes como la Mujer Maravilla.

En cambio, los millennials y centennials, pues... digamos que estamos en la época en la que la cultura de la cancelación está más de moda que celebrar los logros de cualquier persona. Y entre todas las cosas que nos trajeron las redes sociales, también llegaron escándalos y conspiraciones. Muchos justificados. Otros, completamente sin sentido. Lo que pasó es que ahora cuesta mucho más trabajo encontrar personas a quienes admirar. Ha disminuido esa chispa de ilusión que hacía que creyeras en alguien con todas tus fuerzas. Somos una generación con pocos ejemplos a seguir. Es un hecho. No puedes llegar a ser lo que no puedes ver.

Y aunque suene anticuado, yo sí tengo bien definida mi lista de personas que admiro.

Dentro de mi mundo creativo y de negocios admiro a Bob Iger. Me resulta increíble cómo empezó a trabajar como asistente de producción y camarógrafo en la cadena de televisión ABC y la forma en que fue subiendo de posición hasta llegar a ser CEO de toda la compañía Disney. Fue él quien salvó a la empresa del gran agujero y bloqueo creativo que estaban atravesando en la década de los 2000. Lo sé. Todos tenemos la idea de que siempre ha sido la empresa más creativa y exitosa de todos los tiempos. Muy pocos, fuera del mundo de Hollywood y de los negocios, se dieron cuenta de los grandes fracasos que había sido la mayoría de sus producciones cinematográficas entre 1995 y 2005. Y sí, fue también Bob el que compró Marvel, Pixar, *Star Wars* y Fox, y el que cambió toda la estructura y cultura creativa de la empresa para lanzar Disney Plus. Su libro *Lecciones de liderazgo creativo* ahora es uno de mis favoritos.

La segunda persona que admiro es una mujer que siempre luchó por lo que ella creía que era lo correcto. Cuando fue primera dama, la criticaron por tener una opinión y por ser "demasiado activa" para su rol. Fue investigada por el FBI sin encontrar absolutamente nada. Y al ser la primera en hacer varias cosas, les abrió el paso a muchas otras mujeres que siguieron después de ella. Aunque podría estar hablando exactamente de Eleanor Roosevelt, me refiero a Hillary Clinton. He leído todos sus libros y he seguido de cerca todo lo que está logrando y cambiando en todo el mundo.

Muchas personas me han preguntado por qué admiro a una persona que está involucrada en tantos escándalos, sobre todo en uno tan malo como el *pizzagate*, una teoría conspirativa según la cual se aseguraba que traficaba niños junto con Barack Obama en el sótano de una pizzería en Washington. Buen punto. Pero por más que he investigado, no he podido corroborar que sea verdad. Y justo eso es lo peligroso de internet. Cualquiera puede inventar una historia o una conspiración enorme, pagar publicidad y hacerla viral.

Para mí, ella es un claro ejemplo de cómo no te deben de importar las críticas. Ni las tradiciones. Lamentablemente hasta ella acepta que es percibida como la típica persona inteligente, dedicada y brillante que hace la tarea, lee, se sobreprepara y hace todo el trabajo, pero les cae mal a todos en el salón. Hace poco estaba escuchando un pódcast en el que contaban cómo, cuando estudiaba la universidad en Yale, perdió las elecciones para ser presidenta del consejo de estudiantes, aunque toda su generación sabía que ella era la más indicada. Fue como si sellara su destino. Pero eso no le impidió ser la primera mujer en su época en muchas cosas. Creo que Barack Obama tenía razón cuando dijo que nadie más en la historia, ni él mismo, había estado tan preparado como ella para ser presidenta.

Cuando algo sale mal en mis planes, o cuando tengo que tomar decisiones importantes, siempre imagino que tengo conversaciones y pláticas con Bob Iger y con Hillary. Y muchas veces, dependiendo de si lo que me preocupa es sobre negocios, temas creativos o personales, siempre me pregunto: "¿Qué harían ellos?".

Graduarme y decidir cuál sería mi siguiente paso parecía un poco más serio e importante que mis decisiones anteriores, así que una plática imaginaria con ellos no parecía suficiente. Mi celebración lo ameritaba, por lo que ahora iba en camino a escuchar una conferencia de uno de ellos. Y aunque escuchar y ver en vivo a una de las personas que más admiras ya es un gran tema, había gastado el dinero de mi fiesta y mis ahorros en un boleto con acceso a *backstage* y *meet and greet* no solamente con Hillary, sino que también iba a poder conocer y platicar con su esposo, el expresidente Bill Clinton.

Los que aman ir a los conciertos de sus cantantes o grupos favoritos entenderán a qué me refiero cuando digo que no estaba emocionado. ¡Estaba emocionadísimo!

En mis planes estaba grabar cada minuto. De hecho, iba grabando videos desde que salí de mi casa para mostrar todo el trayecto hasta llegar al evento. Según yo, con eso empezaría mi canal en YouTube. También tomaría nota de todo lo que dijeran. La descripción decía que sería una plática sobre cómo veían ellos dos la situación del mundo actual.

Estaba preparado para mi foto. También tenía listo el primer borrador de mi libro, porque quería regalárselo a ambos, junto con una carta explicando cómo estaba mi país y cómo ellos me inspiraban día con día a hacer que mejorara, y algunas preguntas para pedirles consejos.

Sabía que sería una experiencia inolvidable en la que aprendería y me inspiraría. Por eso, para aprovechar esa energía, había decidido quedarme una semana más después del evento, para sentarme a procesar todo cuidadosamente, revisar mis notas de manera estratégica, hacer los planes para mi futuro y para terminar de escribir mi libro.

Me sentí muy afortunado. Había cerrado una gran e importante etapa de mi vida. Y ahora, 24 horas después, iba a tener una experiencia como ninguna otra para empezar la siguiente de la mejor manera posible.

Aun con los audífonos puestos, escuché la voz del piloto dando un aviso. Vi mi reloj y calculé que en menos de 15 minutos estaríamos aterrizando en Houston. Ya tenía planeado hasta el último segundo de lo que haría al llegar, recoger mi maleta y salir por las puertas del aeropuerto. Hasta lo había repasado en mi mente y en papel varias veces. Después de los inconvenientes de la mañana, ahora todo tenía que salir perfecto. Sin margen de error. De hecho, para poder ingresar a la sección privada del evento me habían pedido llenar un formulario del Servicio Secreto de los Estados Unidos en donde tuve que poner mis datos personales y cada detalle de mi itinerario del día siguiente.

Poco a poco, por la ventana empecé a ver la ciudad. Aterrizamos. Me bajé del avión. Recogí mi maleta. Pedí un Uber. Y me fui directo a mi hotel. Al registrarme con mi reservación, algo sucedía con mi tarjeta de crédito que no pasaba. Ni la de débito. Ni ninguna de las que llevaba. Luego de casi una hora y media batallando con los bancos, una por fin pasó.

Me instalé, preparé mi ropa para el día siguiente y abrí una app en mi celular para pedir de cenar.

Mientras esperaba a que llegara mi hamburguesa prendí la televisión. Primero creí que era un canal local porque estaban hablando de Houston, hasta que vi que era CNN. Definitivamente algo grave había pasado en la ciudad.

Estaba tratando de entender qué sucedía cuando me llegó una notificación de que el restaurante había cancelado la entrega de mi cena. Volví a intentar y casi una hora después la volvieron a cancelar.

¿Acaso alguien me estaba grabando a escondidas para un programa de bromas o algo por el estilo? Definitivamente no era mi día.

Desesperado y hambriento, me enteré varios minutos después de lo que había pasado. Había fallecido el expresidente George H. W. Bush. Toda la nación estaba en shock. Y Houston era el centro de las noticias porque ahí había nacido, crecido y pasado sus últimos días junto con su esposa, fallecida algunos meses antes. De hecho, el aeropuerto al que llegué lleva su nombre.

Me quedé escuchando la historia de su vida, y mi cena llegó pasada la medianoche. Sin embargo, a pesar de todo lo que había ocurrido ese día, no me había puesto nunca de mal humor porque ganaba la emoción. Y comer una hamburguesa, aunque fuera fría, sí hizo que me sintiera mucho más tranquilo y en calma.

Después de seguir un rato más escuchando toda la trayectoria del expresidente Bush apagué la tele y me quedé pensando y formulando nuevas dudas existenciales.

Desperté muy temprano. Me bañé. Pedí un licuado de frutas, un café y un *açai bowl*.

Sabía que sería un gran día.

Agarré mi mochila y empecé a echar las cosas más importantes que necesitaría, como la entrada al evento, mi registro con el Servicio Secreto, mi libreta, mi MacBook Air, mi manuscrito, cargadores y muchas plumas.

Mientras preparaba todo me surgió la duda de si mejor podría dejar la mochila en algún *locker* del auditorio para no estarla cargando todo el tiempo. Así que busqué en mi celular el número de teléfono y llamé a las taquillas. Me contestaron muy enérgicamente e hice mi pregunta, a lo que respondieron: "Lo sentimos. No será posible. El evento se canceló. Más adelante recibirá más información". No entendí a qué se refería y hasta agradecí la información sonriendo por la amabilidad de la señorita. Cuando colgué, el tiempo pasó como en cámara lenta. "¿Cómo que se canceló? ¡Claro que no!"

Abrí lo más rápido que pude mi computadora. Y ahí estaba en primer lugar en mi *feed* el *tweet* de Hillary: "Bill y yo viajaremos a Washington para presentar nuestros respetos al expresidente George H. W. Bush y su familia en su funeral. Estábamos muy emocionados por estar en Houston para nuestro evento. Esperamos encontrar otra fecha disponible pronto".

Casi al instante me llegó un correo electrónico confirmando que, en efecto, el evento se había cancelado.

"Respira. Tranquilo. No pasa nada."

Lo acepto. Soy un optimista. De hecho, en varios test que he hecho de psicología he descubierto qué tipo de temperamento tengo. En total, según la ciencia, existen cuatro: sanguíneo, colérico, flemático y melancólico. Yo soy flemático, lo que significa que por lo general soy diplomático, paciente y práctico (la mayoría de las veces). Pero ese día me sentí más decepcionado que nunca. Y por mi mente solo pasaba la idea de que todo había parecido muy bueno como para ser verdad.

No conocería a una de las personas que más me inspiraban. No tendría mi foto del recuerdo. No le entregaría mi carta ni podría tener la plática que ya había repasado muchas veces en mi cabeza. Y, sobre todo, tampoco iba a tener ese momento tan inspirador y energizante que aprovecharía para planear mi vida de ahí en adelante.

Tuve que entender al instante que no había otra opción y que había que seguir adelante con todos mis otros asuntos pendientes. Así es la vida. Todo eso sirvió como un fuerte recordatorio de que no puedes controlar la mayoría de las cosas que te pasan, pero sí cómo reaccionas ante ellas.

Claro que me hubiera encantado conocer a mi heroína personal y a su esposo e incluso pedirles consejos. Son pocas las ocasiones en las que puedes platicar con personas que admiras. De hecho, lo recordaría como uno de los mejores días de mi vida, de esos que les puedes contar a tus hijos y a tus nietos una y otra vez. Y también hubiera sido la mejor manera de festejar mi graduación.

Muchos dicen que es mejor no conocer a tus ídolos porque podrían decepcionarte. Hasta la fecha, me sigo preguntando cómo habría sido y qué habría cambiado en mi vida y en mis planes si los hubiera conocido ese día. Pero nunca lo sabré. Así lo quiso el destino.

Después de las altas expectativas y el potencial de haber sido uno de mis mejores días, terminó siendo uno muy decepcionante, normal y aburrido. No tenía ningún plan, y solo se me ocurrió irme a un lugar en el que siempre me siento bien recibido. Pedí un Uber y me fui a una librería Barnes & Noble. Al llegar vi que tenía cafetería. Ojeé libros durante horas, luego pedí un café *caramel macchiato* y me senté con una increíble vista a toda la librería.

Saqué mis cosas de la mochila y cuando abrí mi libreta me topé con la pregunta que había escrito un día antes en el avión: *¿y ahora qué?* Buena pregunta.

No tenía ni un poco de ánimos para resolverla. Pero era empezar ahora o nunca.

Aun con la decepción, yo sabía que uno de mis mayores miedos en la vida es despertar en 20 o 30 años y darme cuenta de que no tuve la vida que quería, de que no cumplí mis sueños y que ya sería tarde para ir tras ellos. Pero me da más miedo todavía ser un fracasado por no haber intentado o tratado lo suficiente. Tristemente, la estadística apunta a que eso es lo más probable que pase. Según un estudio publicado por Gallup titulado "El trabajo del mundo está roto", 70% de las personas no están contentas con su trabajo. Yo no quería eso.

Pero más que estar pensando en mis miedos, había que hacer algo al respecto. Pasé de página y dividí una hoja en blanco en cuatro secciones. A cada una le puse su título: "¿En qué soy bueno?", "¿Qué necesita el mundo?", "¿Con qué puedo ganar dinero?", y por último: "¿Qué amo hacer?". Son las cuatro secciones básicas del *ikigai*, el método japonés para descubrir tu razón de ser.

Es un buen ejercicio. Ese día, como no tenía otra cosa que hacer, estuve tratando de apuntar hasta lo último que se me ocurriera.

Durante esas horas me sirvió recordar que cuando perdió las elecciones en 2016, en el discurso con el que aceptó la derrota, Hillary dijo: "Nunca olvides que luchar por las cosas en las que tú crees siempre va a valer la pena".

Ahora era mi turno de escoger y luchar por las cosas en las que yo más creía. Sobre todo, tener la valentía y el coraje suficiente para encontrar mi camino y seguirlo.

Aún no lo sabía, pero faltaba muy poco para descubrirlo.

2

DECISIONES DIFÍCILES

"Pide un deseo", me dijo Natalia, una de mis dos hermanas.

Cerré los ojos y empecé a imaginarme muchos posibles escenarios. Después los abrí, feliz y sonriendo para seguir disfrutando de la música, las luces y los fuegos artificiales en el aire. Me encantan. Estábamos justo en medio de la ciudad con una vista increíble. El conteo había llegado a cero y oficialmente estábamos en un nuevo año.

Esa fue la primera noche del viaje en que me sentía y estaba bien. Varios días antes, cuando empezamos nuestro recorrido en carro a San Antonio, literalmente durante el camino me enfermé con la gripa más intensa que he vivido hasta ahora (y no, todavía no existía el covid-19).

Si el virus no me modificó la memoria, recuerdo que fue algo así: un día antes habíamos ido a cenar tacos. Al día siguiente salimos de nuestra casa a las seis de la mañana. Yo estaba como nuevo, fresco y emocionado. Cinco horas después, a mediodía, cuando llegamos al hotel, no podía ni caminar. Me dolía el cuerpo entero y hasta batallaba para respirar.

Desde que había descubierto los múltiples beneficios de practicar yoga, aparte de que me sentía más concentrado, mi sistema inmunológico había estado muy fuerte, o al menos así lo sentía yo. Pero esos últimos días de diciembre son inactivos para todos. Hubo vacaciones en el estudio al que iba, y aunque me había propuesto hacerlo en mi casa, no lo había hecho. Aparte había tenido la decepción del viaje y del evento en Houston cancelado apenas pocos días atrás. A eso le sumaba otra razón, que seguramente era la que más peso tenía en el hecho de haberme enfermado: estrés. Tenía dos grandes situaciones: terminar de escribir mi primer libro (en ese momento solamente contaba con dos semanas para terminarlo) y decidir mi futuro (otra gran tarea titánica).

Los primeros días del viaje tuve que estar encerrado en el hotel mientras los demás se iban de compras y a comer a lugares deliciosos. Aunque no me podía mover, estaba terco en que me tenía que recuperar lo más rápido posible de esa maldita gripa. A pesar de estar encerrado, no estuve en cama. Mientras ellos no estaban, yo me daba baños de aceites esenciales en la tina y me paraba de cabeza. En internet encontré algunas posturas de yoga que no conocía pero que, según muchos blogs y artículos, servían para aumentar las defensas y fortalecer el sistema inmunológico. Y, sobre todo, recordé lo que decía Hipócrates: que la comida debe ser la medicina y no al revés. Así que durante esos días pedí al cuarto comida que sabía que tenía vitaminas, como licuados y *bowls* de fresas, frambuesas y espirulina.

Si no hubiera sido por eso, no hubiera podido ir al festejo.

Justo la mañana del 31 de diciembre desperté otra vez sintiéndome como nuevo. No podía dejar pasar esa noche. Había sido un año increíble. Tenía que darle el cierre que se merecía y comenzar el nuevo con la mejor energía posible.

Cuando acabó el gran espectáculo, que nos dejó a todos inspirados, varias horas después de la madrugada, caminamos para salir del Central Hemis Fair Park y regresamos al hotel.

"¿Qué deseo pediste?", me preguntó Dany, mi otra hermana. Ya íbamos en el carro de regreso al hotel. En mi cabeza solamente pensé: "Que las personas me lean". No lo dije en voz alta. Era muy noche como para hablar de mis sueños y no era el momento para que toda mi familia empezara a opinar de las cosas que podría hacer ahora.

No hizo falta decir nada porque mi papá intervino rápidamente. "Acuérdense de tener cuidado con lo que desean, porque puede terminar convirtiéndose en realidad." Es un proverbio chino muy famoso. Ya lo había escuchado. Pero que lo dijera mi papá en Año Nuevo, cuando acababa de terminar una etapa enorme de mi vida, a días de concluir mi primer libro, y justo cuando faltaban días para que ya me sentara a decidir mi destino, hizo que una chispa de curiosidad y duda se despertara dentro de mí.

Horas después, ya en mi cama, no podía dormir. Empecé a preguntarme: "¿Qué pasaría si... mi deseo se cumple?". Mi imaginación estaba recreando todos los escenarios posibles. Buenos y malos.

En segundo de primaria una de mis mejores amigas era mi prima mayor. Cómo extraño esos días en los que nuestra única preocupación era diseñar la mejor tienda para acampar en el jardín de nuestra abuelita y preparar toda la comida para pasar ahí un día entero. O cuando podíamos estar horas jugando *Los Sims*. Aunque solo es un año mayor que yo, era como tener una hermana mucho más grande que me enseñaba miles de cosas que no conocía.

Un día me platicó que acababa de leer un libro (porque siempre leía libros) sobre un niño que no sabía que era mago. Lo buscó en su librero, pero ¡no tenía dibujos! No era para mí. Sin embargo, intentando convencerme, buscó en internet el tráiler de la primera película, *Harry Potter y la piedra filosofal*. Quedé asombrado.

Varios meses después, cuando la película se estrenó, ya era tan fan que hasta les rogué a mis papás que me llevaran al oculista para poder elegir unos lentes redondos igualitos a los de Harry Potter. No importaba si mis ojos estaban bien y no requerían aumento. Los ne-ce-si-ta-ba. Hay fotos guardadas, que ahora son un poco vergonzosas, en las que aparezco con una cicatriz en forma de rayo dibujada en la frente. ¿De verdad me dejaban salir así?

Para mi suerte, en mi escuela todos hablaban de lo mismo. Y eso es lo que más agradezco. Porque dejando de lado mi fanatismo excesivo por la saga, lo increíble es que J. K. Rowling me puso a leer a mí y a toda una generación.

Aún la aprecio y la admiro. Para mí, es de las mejores historias en la vida real y de mi época, de cómo si eres lo suficientemente valiente para escuchar lo que te llama, crees en lo que te imaginas y te pones a trabajar para hacerlo realidad, se cumplirá. ¿Quién iba a creer que una persona que acababa de salir de un matrimonio difícil, en pobreza y con una bebé, iba a poder llegar a ser una de las mujeres más ricas del mundo? Y no, no todo es dinero. Aunque no la conozco en persona sé que se dedica a lo que más le gusta. Y eso seguramente la hace feliz.

Si algún día llego a conocerla, voy a preguntarle por qué se tardó tanto en escribir cada libro. A los ocho años, un año y medio o dos se sentían como una eternidad. Durante esos tiempos de espera, mientras llegaba el siguiente libro, buscaba muchos otros. Había algunos interesantes. Pero nada igual de emocionante.

En lo que salía el siguiente libro, agarré una libreta y me puse a escribir ideas para mi propia novela. Es nuestra naturaleza, contar historias y transmitirlas. Y tenemos que hacer caso a ese instinto. Cuando lo ocultamos, empiezan los problemas.

Acumulé muchas historias en cuadernos y libretas. Una que me gustaba mucho era sospechosamente sobre un niño que había crecido con sus abuelos porque sus padres habían sido asesinados por un mago tenebroso que buscaba obtener una piedra mágica. ¿Dónde habré escuchado eso antes? Lo sé. Era una copia y no me daba cuenta. Pero a esa edad pensaba que era el cuento más innovador.

En el libro *Roba como un artista*, el autor explica que la mayoría de las veces tu primera creación, ya sea un libro, un blog, una canción o tu primera pintura, siempre será igual o muy parecida a lo que hace la persona que más admiras. Así que es normal que mi primera novela fuera muy similar a *Harry Potter*.

Cuando me percaté, tiré todo a la basura y me puse a pensar, ahora sí seriamente, qué más podía escribir. Pero era complicado. Aunque moría por ser escritor y sabía que eso quería para mi vida, no me sentía como uno. Ni siquiera sabía cómo y cuándo escribir.

Constantemente me preguntaba si era el momento adecuado para hacerlo. Pero cada vez que me lo planteaba, me daba cuenta de que no. Me faltaba una gran historia que contar, más experiencias por vivir y consejos que pudiera dar. Hasta llegué a la conclusión de que solo cuando tuviera 50 o 60 años sería el momento indicado para hacerlo, porque hasta esa edad tendría toda una vida que contar.

Nunca voy a olvidar el día de las elecciones presidenciales de 2018. Todo el país estaba en shock. Y yo sentía una energía como nunca antes para poner mi granito de arena e intentar que mejoraran y cambiaran las cosas.

Justamente al día siguiente, viendo *tweets*, me topé con una frase de Derek Sivers, uno de mis emprendedores favoritos, que decía: "Haz de una vez por todas lo que sientes que enciende tu alma".

Yo ya sabía qué era.

Para ese punto había pasado más de 10 o 15 años buscando en mis tiempos libres videos, artículos y documentales de consejos sobre cómo escribir. La variedad de rutinas y maneras de hacerlo me hicieron darme cuenta de que no había una fórmula secreta. Tampoco había un programa especial para la computadora que los escritores famosos usaran, ni una pluma con la que tendrías mejores ideas ni una rutina perfecta para encontrar inspiración a diario. Fue como tener una revelación. Si quería ser un escritor, lo único que tenía que hacer era sentarme a hacerlo a diario. Es lógico. ¿Qué hace alguien que quiere ser un gimnasta olímpico o una bailarina o algún artista? ¿Ponerse a ver videos sobre cómo hacerlo o dedicarse a entrenar de verdad? La respuesta es obvia. Aprendes haciendo, no viendo.

Me deshice de todos los pensamientos que podían llegar a abrumarme y me tomé muy en serio mi trabajo. Eso es lo que hacen los profesionales. Actúan y se comportan como si su trabajo fuera lo más importante del planeta. Porque lo es.

Vaya que durante ese proceso aprendí la importancia y el poder de tener una buena organización personal. Muchos creen que simplemente se trata de despertar, hacer tu rutina y sentarte a escribir con inspiración mágica todos los días. No es nada parecido a eso. Es un trabajo enorme que implica anotar absolutamente todo lo que se te ocurre, y buscar la mejor manera y la más concreta de transmitirlo. En realidad es todo un arte. Y mucho trabajo.

Las primeras veces que me armaba de valor me iba a una cafetería con mi computadora, mis libretas y mis audífonos, y me sentaba a intentar escribir. Pero me topaba con una barrera mental. Lo que más me detenía era pensar en la cantidad de hojas y palabras que tenía que escribir para completar un libro entero.

Y no solo pasa cuando escribes un libro. Así es como todos vemos nuestras más grandes metas: se sienten como enormes e inalcanzables. Y cuando decides empezar a luchar por lograrlas, después de 15 minutos lo abandonas porque te imaginas todo lo que te falta por hacer.

Cuando identifiqué que eso era un gran problema encendí mi computadora, abrí mi calendario, en mi celular abrí la calculadora y me puse a definir exactamente cuántas palabras quería que tuviera mi libro, una fecha objetivo y un cálculo de cuánto tenía que escribir a diario para cumplir ese número.

Fue lo mejor que pude hacer. A partir de ahí no tenía que preocuparme ni sentir que me ahogaba en un mar de trabajo pendiente al pensar en todo lo que me faltaba para terminar. Solo me enfocaba en cumplir la meta diaria. Pequeña, pero retadora. Y eso me daba mucha paz. Avanzaba según mi plan.

Ahora, cuando tengo alguna nueva meta, de cualquier tipo, sé que, para no posponer y no abrumarme, tengo que hacer un plan con fecha objetivo, pero con tareas diarias muy específicas.

Un día después de Año Nuevo regresamos a México. Me quedaban exactamente 15 días. Tenía el tiempo encima. Aunque no era una fecha que tenía que cumplir estrictamente, porque no tenía ningún contrato ni ninguna clase de acuerdo, porque el libro lo iba a publicar de manera independiente vía Amazon, sí me había comprometido en mis redes sociales a publicarlo en esa fecha. Y fallar no era una opción. Aunque mis redes sociales en ese entonces eran simplemente mi perfil en Facebook con 200 amigos y familiares y una cuenta de Instagram con menos de 300 personas cercanas o conocidas, pero para mí, eso era un gran compromiso "público", y no iba a romper esa seriedad.

El día que ingenuamente creí que había terminado de escribir todo el libro fui directo a imprimirlo, y empecé a leerlo muy confiado en que experimentaría una sensación de completa satisfacción; sin embargo, me topé con algo que no esperaba.

"Dios mío, qué es esto." Se me vino el mundo abajo cuando me di cuenta del enorme trabajo que seguía para editarlo. Me imagino que así les pasa a los directores de cine. Gastan millones de dólares en la producción para las grabaciones, y cuando el equipo cree que terminaron, siguen meses para editar cada escena y ajustar cada segundo con la música de modo que funcione como una sola historia que logre atrapar a todos en el cine y se convierta en la película más taquillera. Así me sentía, en ese mismo estatus de una película en posproducción.

Fueron días difíciles. La mitad del día me sentía emocionado, y el resto, con miedo. Todo iba muy rápido. ¿Qué iba a pasar si nadie lo leía? La gente me recordaría para siempre como el que escribió un libro, lo anunció, nadie leyó y fue un fracaso. Tendría esa carga para toda la vida. Y fuera a donde fuera, sería señalado y apuntado por muchos como *el fracasado* más grande. Caminara por donde caminara, se reirían a mis espaldas.

Así me lo imaginaba. Ya sé. Mucho drama. ¿Qué podía hacer? Eso es lo que provoca el miedo al qué dirán.

Pero como dicen, no puedes saber cómo se siente estar feliz si no tienes días tristes. Tampoco puedes aprender a ser valiente si no experimentas primero el miedo.

Gracias a esa gran cantidad de miedo aprendí a callar los malos pensamientos, o como yo le decía antes, a darme autoterapia. En mi mente trataba de decirle a la parte de mi ser que tenía miedo que, cuando estás intentando algo o con las intenciones de hacerlo, importa más qué tanto crees tú en ti, y nada más.

También me imaginaba una balanza. ¿Qué pesa más? ¿Lo que puedan llegar a pensar las 20 o 30 o 200 personas que conoces, o el impacto que eso que estás haciendo puede generar en miles y millones de personas? La respuesta es obvia. Cada día que el drama volvía a mi mente, volvía a imaginarme la balanza y los miedos se iban. Encontraba otra vez coraje y valentía.

Si eso no me funcionaba, había otro escenario que ya me había imaginado. Si nadie lo leía o nadie lo compraba, no pasaba nada. Por lo menos el libro ya iba a estar escrito e impreso. Y mi trabajo sería promocionarlo y promoverlo. Yo haría que se vendiera sí o sí. No había plan B.

Por último, en esa lucha interna también había días en los que pensaba: "¿Qué necesidad de meterte en problemas y estar tan estresado?".

Fue la misma sensación que tenía en mis primeros semestres, cuando me percaté de que había muchas cosas que la sociedad de alumnos no estaba haciendo y decidí hacerlas: formé un grupo estudiantil increíble que se llamaba Voz Joven. En ese entonces estaba seguro de que cualquier persona de 18 años podía cambiar el mundo. Y lo sigo estando. Una de las primeras actividades que organicé fue un evento que costó más de 200 000 pesos. Todos nos decían que no se podía hacer. Pero lo hicimos.

Cada día que yo mismo organizaba una junta a las siete de la mañana o cada vez que algún posible patrocinador nos rechazaba, también me quedaba pensando: "¿Qué necesidad?". Podría estar muy a gusto en mi casa tomando un rico café sin preocupaciones ni estrés. "¿Por qué cuando hay tantas personas felices y disfrutando yo estoy aquí estresado, tratando de lograr algo que parece imposible, despertándome temprano, durmiéndome cada vez más tarde?", me preguntaba.

Porque meterse en problemas es la única manera de hacer las cosas.

Había días en que me sentía mucho peor cuando no podía seguir el consejo que todos dan sobre siempre ser constante, mantenerse disciplinado y seguir una rutina. Era como cuando estás triste y pones música triste para sentirte aún más triste.

Definitivamente todo sería más fácil si nuestra mente estuviera diseñada para tomar una decisión, no volver a dudar jamás ni volver a pensar todo lo que podría salir mal. Pero no es así como funcionamos. Y tenemos que aprender a lidiar con eso.

Por fortuna, mi maestra favorita de yoga lanzó un reto de 21 días seguidos de yoga para iniciar el año, incluidos sábados y domingos. Parecía una buena idea. Así que apenas volví a México, me inscribí. Recobrar mi buena salud inmunológica fue algo secundario. Lo que me importaba era que me iba a ayudar con lo que yo más necesitaba: ideas, consistencia y claridad mental para terminar. Cumplir con ese reto me daba la motivación necesaria y una rutina a la cual apegarme en ese último esfuerzo que me quedaba por hacer.

Lo cumplí, sin parar. Cada día después de hacer yoga me bañaba, desayunaba y me sentaba por horas en mi café favorito con mis carpetas y mi computadora. Hasta que llegó el gran día en el que escribí la última palabra, terminé de editar y envié el manuscrito final.

15 de enero. El libro estaba oficialmente publicado. La preventa había sido un completo fracaso. Contar 10 ejemplares vendidos era una exageración. Lo que demostraba esa poca venta en la preventa era que aparentemente se cumpliría uno de los escenarios que había fabricado mi mente en el que solamente me leerían mi mamá, mis tías y mis abuelitas.

Pero... ¿qué podía hacer? No había vuelta atrás.

Como no tenía un equipo, hice lo que se me ocurrió. Publiqué publicidad en mi Facebook y en mi Instagram personal. Mandé algunos correos a exmaestros y conocidos. Y listo. Eso era todo lo que estaba en mis manos.

Lo sé. Por la forma en la que lo cuento podría parecer que fue un lanzamiento triste y fracasado, pero para mí lo era todo. Había vencido mis miedos y superé el qué dirán más fuerte de toda mi vida.

Lo sentí como si pasaran años, pero durante esos primeros días poco a poco empezaba a ver que había más pedidos del libro. Y quería creer que todos (nueve o diez personas) estaban orgullosos de mí. Aunque las ventas seguían muy bajas, en comparación con lo que cualquiera que está sacando algo al mercado espera, me sentía contento. Era muy consciente también de que no puedes ganar dinero ni vivir de eso, a menos que seas un autor bestseller, pero eso no era lo que importaba. Había cumplido lo único que quería: escribir el libro que a mí me hubiera gustado leer. Y acomodar en mi librero mi propio libro. Era una escena que había repasado una y otra vez en mi cabeza. Una que por fin se convirtió en realidad. De hecho, fue la primera vez que sentí que aplicaba y me funcionaba la ley de la atracción.

En resumen: fueron días felices.

Pero si esos días habían sido felices, los siguientes fueron los más tristes.

Con el paso de los días muchísimas personas que no consideraba mis amigos compartían en publicaciones o en *stories* que habían ordenado una copia de mi libro. Incluso personas a las que solo había visto alguna vez o con las que había tenido una o dos conversaciones en toda mi vida.

Pero aquellos a los que sí consideraba mis amigos... pues digamos que simplemente no estaban. Fue como si de un momento a otro desaparecieran. Fue difícil. En mi mente trataba de entender qué había pasado o qué les había hecho. ¿Era mi culpa? ¿Estaba siendo demasiado egoísta como para esperar una felicitación de su parte? ¿Era mucho pedir que compraran un libro para apoyar a uno de sus amigos? Tal vez. Pero incluso si no les gustaba leer o no querían comprarlo, a veces basta con un mensaje, un comentario o un *like* en redes sociales. Estaba seguro de que si yo viera que alguno de mis amigos escribía un libro, sería el más feliz y la primera persona promocionando, festejando y recomendándolo a todo el mundo. Pero los míos simplemente desaparecieron.

Traté de quitarme esas ideas de la mente todo lo que pude, y aunque había muchas cosas por las cuales estar contento, y sí lo estaba, el recuerdo de que mis amigos no me apoyaban regresaba mínimo una vez al día. Por varias semanas. Y durante varios meses.

Fue mi primera experiencia con los amigos que te dejan atrás.

He leído diferentes artículos, he escuchado pódcast y lo he platicado con nuevos amigos, sobre todo con personas que también están emprendiendo o que están dando más de su 100% en su profesión. Con ellos la conclusión siempre es la misma, y muy simple. Algunas personas no toleran en su interior saber que estudiaron en el mismo lugar o que empezaron, por así decirlo, el camino de la vida en situaciones muy similares que tú, pero ahora estás brillando y logrando más que ellas. Y en lugar de sentirse felices, lo perciben como una amenaza. Muchas veces, sin darse cuenta, también sienten envidia.

A mí me llegó a pasar, y estoy seguro de que miles de veces, pero es normal. Lo importante es darte cuenta de cuándo lo estás sintiendo. La primera vez que lo pude identificar fue cuando una mañana cualquiera, mientras subía un elevador, estaba viendo Instagram y me apareció la foto de un empresario al que conozco y del que he seguido algunos consejos. En la foto aparecía él subiéndose a su nuevo avión privado. "¡Ay, por favor! Qué presumido."

Mientras seguía negando con la cabeza, abrí los ojos y reaccioné. Precisamente unos días antes acababa de escuchar un audiolibro que hablaba sobre cómo si relacionas el éxito y lo bueno que los demás hacen o logran con algo negativo cierras las puertas a que eso mismo se convierta en realidad para ti. Es como si trabajaras por tener más ingresos, pero criticaras a los que lo tienen o pensaras cosas malas sobre cómo lo obtuvieron. Así que de inmediato callé ese pensamiento que había tenido, lo reemplacé por un "¡Wow, yo también quiero mi avión privado!", le di *like* y cambié esa pequeña sensación de envidia por admiración positiva. De cierta manera, las personas que están construyendo sus sueños y están haciendo más cosas que tú jamás se van a sentir intimidadas ni con celos. Al contrario.

El reto es entenderlo. Y que llegues a actuar con el ejemplo.

Otro de los consejos que también decidí empezar a aplicar a partir de esa experiencia fue que constantemente tengo que deshacerme de aquellas personas que no le aportan algo positivo a mi vida. Adiós a las personas que solo te traen negatividad, las que no creen en ti, las que te dicen que algo no es posible y las que se ríen de tus planes frente a ti y a tus espaldas.

Ahora, tres años después, encontré una mejor versión de esa práctica explicada en un *tweet*: "Haz conciencia de las personas que están ocupando espacio en tu cerebro sin pagar renta y elimínalas de ahí. Eso crea espacio para que lleguen nuevas personas que aportan algo positivo (pagan renta)".

Con lo que me ha tocado aprender, ahora decido cada día elegir a las personas correctas para mi vida. Las que se alegran y celebran mis éxitos conmigo y a las que están en los fracasos también. A las que sé que no tendrán envidia de mí ni yo de ellas. Y a las que admiro positivamente.

Podemos reír o podemos llorar, pero siempre encontrando la manera de apoyarnos y hacernos crecer. No para restarnos autoestima, ni para hacernos creer que nuestros sueños son demasiado grandes para poder cumplirse.

Si algunos habían decidido no apoyarme, a quién le importaba. Yo confiaba en que poco a poco iba a encontrar a los que sí. Y así fue. Poco a poco. Persona por persona. No al instante y no todas al mismo tiempo, pero llegaron y lo siguen haciendo.

Ahora puedo decir que gracias a que yo traté de seguir mi camino, sin tomarme personal lo que otras personas decidieron percibir de mí y sin volver a prestar atención en quién se alejaba, me enfoqué en las que llegaban.

Eso solo pasa cuando tienes la valentía suficiente para empezar a ser verdaderamente tú. Hay un estudio que detalla cómo a partir de los 10 o 12 años vamos tomando conciencia de lo que el mundo quiere de nosotros. Por eso "aprendemos" a callar lo que opinamos, a ocultar lo que nos emociona y nos gusta, y es en esa edad en la que empezamos a tratar de encajar. Pero conforme pasa el tiempo es tu decisión ignorar lo que los demás quieren que seas y dejar atrás a las personas que te critican o a las que les da miedo que crezcas y enfocarte en ser una persona auténtica, en decir lo que piensas y en ejecutar tus ideas.

Después de la emoción de cumplir un sueño, sentí ahora sí la responsabilidad de elegir un camino, hacer algo con mi vida laboral y empezar a generar ingresos como un adulto.

Varios días después de enviar mi currículum a una empresa, salí a caminar con Kira, una golden retriever que mi hermana adoptó. Llevaba varios años con nosotros siendo la más cariñosa y la mejor portada. Tengo la teoría de que los perritos adoptados se comportan de esa manera porque realmente sienten un profundo agradecimiento.

Iba escuchando música, hasta que se detuvo y mi celular empezó a vibrar. Lo saqué de la bolsa de mi short y vi que era un número desconocido, pero aun así contesté. Era de la empresa a la que había enviado mi currículum. Querían entrevistarme ese mismo día, y yo no quería desperdiciar esa oportunidad. Corrimos a la casa. Me puse unos pantalones color caqui, zapatos cafés y una camisa blanca.

No me pude preparar tanto como me hubiera gustado, pero cuando llegué simplemente hice lo que a mí me hubiera gustado que el entrevistado hiciera si fuera al revés y yo estuviera contratando (cosa que ahora hago): demostrar interés. Hice miles de preguntas serias sobre cómo era la cultura de trabajo y qué retos iba a tener, y platiqué cómo me imaginaba yo aportando a la empresa a esos problemas que tenían. Para mí, si alguien no busca esa plática interesante y no demuestra que le apasiona aprender y realmente ser parte del equipo, es una señal de que nunca lo hará y quizá no le interesa el puesto, solo el dinero. Al final me despedí como si hubiera sido simplemente un café con una conversación increíble. Porque sí lo fue.

Algo me decía que el puesto era mío. Y así fue. Recibí otra llamada por parte de Recursos Humanos para darme la noticia de que podía dar el siguiente paso. En esa llamada aprovecharon para preguntarme cuánto quería ganar. Esa pregunta sí es difícil. Pensando en lo que yo podría hacer y considerando la entrega 24/7 que iba a dar, dije una cantidad alta y, para mí, retadora. Después me quedé pensando que debió de ser mucho más alta, porque la aceptaron de inmediato. Así que, oficialmente, tenía mi primera propuesta de trabajo, con un sueldo muy competitivo y bien pagado, en un área relacionada con la carrera que había elegido y en una empresa internacional con mucho futuro. Además, ya quería pagar la deuda del pequeño porcentaje de beca-crédito en la universidad. Con ese sueldo lo resolvería rápido.

Nunca se lo dije a nadie, pero, después de varios días pensándolo, simplemente les agradecí y rechacé la oferta. Y tengo que ser honesto, claro que llegué a pensar: "¿Qué rayos estás haciendo? Esa era tu oportunidad". Pero ¿oportunidad de qué? ¿De impresionar al mundo o de impresionarme a mí mismo? Desde mi punto de vista, sí, claro que iba a tener un gran sueldo e iba empezar mi carrera profesional en una muy buena empresa en la que podía crecer y tener reconocimiento. Sería la versión de lo que todo el mundo *debería* hacer o querer.

Al mismo tiempo yo sabía perfectamente que me iba a entregar al 100% a ese trabajo, día y noche, porque así soy. Si decido hacer o ser parte de algo, lo hago bien y hasta llevarlo al máximo posible. Así que, si aceptaba, habría tenido que decir adiós por completo a todas mis otras pasiones y posibles planes (aunque aún no sabía cuáles). Era como el costo de oportunidad, una cosa por otra.

Hay momentos en la vida en los que te toca cuestionarte si lo que estás a punto de hacer puede ser la mejor decisión que has tomado o la peor. Es ahí cuando tienes que demostrar quién eres y qué quieres. Dios, el universo, la energía cósmica, o lo que sea en lo que creas, nos pone en momentos y situaciones como estos en los que te da la opción de elegir. Y no hay nada más increíble que poder hacerlo. Aunque parezca que la presión de un mundo entero, como tus familiares y amigos, está encima de ti, debes tener el coraje y el valor suficiente para volver a creer en tus sueños y en lo que tú quieres. Al final, siempre estás a una sola decisión de vivir la vida que quieres.

En mis pensamientos agradecí la oportunidad que se me estaba presentando. Pero algo me decía que dijera que no, aun con todo y miedo.

¿Necesitaba el dinero? Sí. ¿Era el sueño de cualquiera que se gradúa? Completamente. ¿Me arrepiento? Ni un poco. ¿Cómo me sentía? Aterrorizado. Ahora que lo veo en retrospectiva, si hubiera tomado esa oportunidad, tendría otra vida. Una muy frustrada y aburrida.

Pasó otra semana. Un día que parecía ser muy normal, desperté, me preparé un café y busqué mi celular. Como cuando acabas de lograr algo y te encanta volver a verlo miles de veces más, abrí Safari y entré a buscarme a mí mismo en Amazon. Y entre los resultados ahí estaba mi libro. Pero algo se veía diferente comparado con los cientos de veces que lo había visto los días anteriores. Ahora tenía una franja naranja que decía: "Más vendido".

Mientras seguía viéndolo y mi mente aún trataba de procesar eso, me empezaron a llegar miles de notificaciones de Instagram. Sin parar.

Y lo supe al instante. Me esperaba una vida diferente. Esa fue la señal que llegó y que no sabía que estaba esperando. Me sentí seguro de haber rechazado la oferta de trabajo. Confirmé que tenía que deshacerme de cualquier plan tradicional para mi vida. Tuve la seguridad y autoconfianza suficientes para saber que sí, en efecto, había un camino para mí si tenía el valor y el coraje de escuchar y perseguir mis sueños.

"... porque se pueden volver realidad", había dicho mi papá. Y justamente eso pasó. Mi deseo se cumplió.

3

UN MUNDO NUEVO

Durante esas semanas estuvimos sorprendidos en mi casa. Prácticamente cada día pasaba algo mejor que lo que había pasado el día anterior, empezando por la noticia de estar entre los más vendidos, hasta entrevistas con periodistas nacionales que siempre había admirado y recomendaciones y menciones de creadores de contenido e *influencers* que todos seguían.

¡Parecía una locura! Pero de las buenas, que te cambian la vida.

La primera vez que alguien me preguntó si se podía tomar una foto conmigo, de la emoción casi suelto el vaso de café que me estaba tomando. Me controlé para no arruinar el momento. Muchas de esas veces no sabía cómo reaccionar. Ahora que lo pienso, tal vez me ponía más nervioso yo que la otra persona. Pasaban muchas preguntas por mi cabeza. ¿Tenía que agradecerles por leer mi libro? ¿Si agradecía iba a parecer que era débil o que no estaba seguro de mí mismo? ¿Tenía que poner cierta cara y actuar como si conocer a personas que me estaban leyendo fuera algo normal de todos los días? ¿O podía demostrar lo feliz y sorprendido que me sentía?

Desde entonces me han pasado servilletas con recados en medio de vuelos. Me han dejado notas en vasos de Starbucks. Me han enviado fotos de mi libro en diferentes partes del mundo. Me han enviado regalos. Y nunca he dejado de recibir mensajes y correos con lo que piensan y opinan de lo que escribo e historias increíbles de cómo algo los movió para tomar acción en algún emprendimiento o proyecto.

También he tenido algunos *pequeños* incidentes. Por error, un día que tenía una junta importante con un representante de Amazon tomé una foto antes de ingresar y la publiqué. Pero no me di cuenta de que en la foto se veía el link de la reunión. Ya sabrás lo que pasó. Durante toda la llamada estuvieron ingresando diferentes personas desconocidas. Era la primera vez que me pasaba algo así. Y mientras la persona de Amazon sacaba a todos los que entraban, yo solo ponía cara de sorpresa como si no supiera qué había desatado todo esto.

Algo que jamás podré olvidar fue una videoconferencia en Zoom de un club de lectura, en donde personas que habían escuchado la versión de audio de mi libro iban a hacer preguntas y yo daría respuestas, la cual estuvo organizada por la CEO de la empresa de audiolibros. ¡Estaba muy emocionado! No sabemos cómo, ni quién fue, pero a la mitad perdimos el control de administración de Zoom. Después diferentes cuentas empezaron a enviar archivos sospechosos en el chat y varias cámaras se convirtieron en videos pornográficos en la pantalla de todos. Nunca había sentido tanta vergüenza. Las personas se habían tomado el tiempo de leer mi libro, y de apartar esa fecha y esa hora para discutirlo. En cambio, pasaba esto. De hecho, hay una foto que alguno de ellos tomó en la que aparezco con las manos en la boca por lo sorprendido que estaba. Pero nada más grave. Ahora hasta contarlo da risa.

Aparte, cada día me sentía como en una película. Todo, en cualquiera de los aspectos, iba mejor de lo que yo creía.

Los medios de comunicación digitales y tradicionales empezaron a invitarme. Fernanda Familiar, a quien por años llevaba escuchando en Imagen Radio, me presentó como un Mexicano Rifado; TV Azteca envió un equipo para grabar un día entero conmigo; el portal *Quién* publicó un extracto de recomendaciones que para mí eran importantes; tuve una entrevista increíble en Exa FM, y con la revista *Caras* publicamos consejos de emprendimiento.

Mientras todo eso pasaba, me hubiera encantado felicitar a mi equipo y decirle que todo lo que estábamos planeando estaba funcionando. Pero no estaba siguiendo ningún plan, y tampoco tenía un equipo, estaba solo. Tenía el libro, y las redes sociales estaban haciendo su trabajo. Yo estaba abierto a todas las oportunidades que llegaban.

La verdad no era un experto. Todavía me daba pena grabarme con mi celular y hablar frente a la cámara todos los días. No me consideraba *vlogger* ni mucho menos *influencer*. No publicaba nada. Pero sabía que tenía que aprovechar esa ola de recomendaciones, la cantidad de personas que estaban llegando a mi cuenta, nuevos seguidores y todo lo bueno que estaba pasando.

En las noticias y en entrevistas con políticos o artistas he visto muchas veces el típico comentario de "nunca me imaginé que haría esto". Pero si investigas un poco, o ves su pasado, toda su vida lo desearon y estuvieron luchando por lograrlo.

Yo lo prometo. De todas las opciones que había pensado en los últimos meses para mi futuro, y de todos los posibles caminos que había considerado en mi mente durante años, jamás, ni por poco, consideré las redes sociales como una opción. Simplemente no las conocía, no sabía cómo funcionaban y ni siquiera me llamaban la atención. Menos después de haber estado tan enfocado en mi último semestre escribiendo, haciendo tareas y estudiando. Fue como haber estado encerrado en una cueva lejos de todo lo que estaba pasando y de repente, de un día para otro, salir a la brillante luz del sol y enterarte de golpe cómo funcionaba ahora internet. Estaba descubriendo un mundo nuevo.

Había medios interesados en contar mi historia. Mis mensajes estaban llenos de personas pidiendo consejos. Y mi cuenta en Instagram, aunque no tenía un plan de contenidos ni publicaciones, estaba recibiendo miles de personas nuevas.

Para ese punto ya había pasado algunos días viendo las *stories* y las publicaciones de diferentes personas y me estaba familiarizando con la manera de mantener tus redes sociales activas aportando valor, compartiendo tu día y sobre todo tus ideas.

Simplemente sentí que algo me decía: "Por aquí es".

También había leído que algo que hacen muchos escritores es crear productos complementarios para tener ingresos extra a las regalías de los libros. Por eso también decidí abrir mi propia tienda en línea de productos extra, como libretas y camisetas con frases inspiradoras.

Esa fue la primera vez que sentí un *momentum*, un tipo de energía difícil de explicar. La adquieres cuando agarras confianza en ti mismo porque ya cumpliste algo difícil que te habías propuesto. Es como la adrenalina, pero más profunda. Te sientes agradecido por lo que lograste, al mismo tiempo que obtienes más fuerza para perseguir lo siguiente que quieres. Un ejemplo que tal vez a muchos nos ha pasado es eso que sientes cuando logras empezar a hacer ejercicio y no fallas ni un día de ahí en adelante. Te sientes sorprendido de ti mismo. Y orgulloso. O como cuando te despiertas a la hora que dices que lo harás y eso hace que a lo largo del día mantengas una muy buena actitud y una excelente energía. En pocas palabras, te sientes como si fueras invencible e indestructible.

Después de tantos días de dudas, y después de haber rechazado la oferta de trabajo que yo mismo había buscado, ahora con ese *momentum* y energía que sentía, estaba seguro de que lograría lo que fuera que me propusiera.

Febrero. Todavía con el frío de invierno, me puse uno de mis suéteres favoritos y me fui a uno de los cafés cerca de mi casa. Había pasado casi un mes en el que trataba de balancear mi larga lista de cosas por hacer para avanzar algo cada día en los diferentes proyectos que elegí.

Ese día había quedado de verme con Maryell Cisneros, a quien conocí varios meses atrás justo cuando acababa de renunciar a su trabajo corporativo en una multinacional y decidió dedicarse a crear negocios digitales y tener una vida más balanceada. Sabía que a ella le podía pedir consejos. Necesitaba ayuda configurando algunas mejoras para mi tienda de libretas y camisetas. También quería su opinión de algunos correos electrónicos que quería empezar a enviar para aumentar las ventas. Sin saberlo, esa pequeña junta detonaría un cambio gigantesco en mis planes y en mi vida.

Lo que pasaba hasta ese momento era que a cada uno de nosotros nos buscaban, por separado, para crear proyectos digitales de ese tipo o para darles consultoría a empresas y emprendedores que estaban empezando una tienda o querían lanzar alguna campaña.

Después de horas, ese mismo día en que solo iba a pedirle ayuda, decidimos asociarnos para crear una empresa. Se llamaría Digital Consulting Group. Hasta compramos ahí mismo el dominio web y creamos nuestras nuevas cuentas de correo electrónico. Ya era un hecho.

Durante las semanas en las que aterrizamos y estructuramos la consultoría los dos conocimos a Fernando García.

Luego de varias juntas hicimos clic y lo sumamos a los planes, y él les sumó a todos los proyectos.

¿Qué puedo decir? La energía se sentía. Había grandes intenciones, mucha ambición, pasión y bastante acción. La mezcla perfecta.

Al combinar varias ideas, este fue el plan al que llegamos: sí, atenderíamos a todos los clientes que llegaran para crear sus proyectos, pero también lanzaríamos los nuestros. Queríamos ser una empresa que va creando diferentes empresas. Y nuestro plan era balancearlo todo para empezar a lanzar al mercado nuevos proyectos, aproximadamente cada dos o tres meses.

Comenzaríamos con un *planner* o agenda que yo esperaba que pudiéramos llamar Possible Planner. Seguiríamos con el lanzamiento de Possible Collection, una marca de ropa inspiradora. Organizaríamos un viaje a Silicon Valley, el cual abriríamos al público para tratar de vender lugares en el tour. Al siguiente mes inauguraríamos una empresa en Estados Unidos con una futura socia que vive en San Diego, California. A continuación, cuando tuviéramos todo listo, empezaríamos nuestra empresa de vitaminas y suplementos a base de plantas. Y como estábamos siendo "demasiado considerados" con los tiempos, dejaríamos para después, tal vez en uno o dos meses, luego del último lanzamiento, alguna app o algún servicio en línea que pudiéramos ofrecer masivamente.

Había mucho trabajo.

¿Me sentía abrumado por la cantidad de proyectos? Para nada.

Algunas personas dicen que debería de describirme a mí mismo como un *starter*. Me gusta empezar y planear qué se tiene que hacer cuando surge una nueva idea y se decide implementarla. Hay otras personas a las que les pasa lo contrario. Se abruman. Yo me emociono. Me llena de energía pensar en todo lo que hay que hacer orientado a la meta final y en todo lo que podría llegar a ser.

Algo que me cayó como anillo al dedo fue esta frase que se me vino a la mente durante esos días en que estábamos haciendo nuestros planes: "Desayuna, come y cena tus propios proyectos". Me di cuenta de que es justo lo que estaba haciendo. Aunque un día después de graduarme tenía dudas de todo lo que me esperaba en el futuro, lo que había estado haciendo desde entonces era despertarme y dedicarme enteramente a mis cosas, mis ideas, mis pasiones y mis *hobbies*, aunque la lista de proyectos iba en aumento. Esa frase también resume a la perfección la manera de crecer y hacer que funcione algo que ya elegiste. No hay esfuerzos a medias. Es dedicarte al cien dando toda tu pasión y toda tu energía de todo tu día durante todos los días. Porque si no lo haces tú por tus propios sueños, ¿quién lo hará por ti? La respuesta es simple: nadie.

Empezar a recordármelo de esa manera inspiradora y concreta me hacía recordar por qué estaba haciendo lo que estaba haciendo. Desde entonces es una frase que no dejo de decir y de practicar.

Sin darme cuenta ya tenía la respuesta a mi *¿ahora qué?* Ya tenía ideas y proyectos profesionales y personales, ahora quería plasmarlo todo en un plan por escrito.

Bajé a la cocina y me preparé una taza de café. Me encerré en mi cuarto. Puse mi *playlist* favorita, con música sin letra, para no distraerme. Saqué varias hojas de papel. Me senté en mi escritorio en el que tanto he trabajado en mis proyectos, y empecé mi sesión estratégica personal, como si fuera la sesión de planeación de una empresa o de un proyecto enorme, solo que, en este caso, el proyecto era mi vida. Estaba totalmente decidido a no salir de mi cuarto sin el plan bien estructurado, por lo menos para los siguientes 18 meses, así como lo recomienda Sheryl Sandberg, la directora de operaciones de Facebook. Según su experiencia, dice que un plan anual es muy corto, y un plan de dos o más años ya es muy largo. Dieciocho meses es el balance perfecto.

Mientras hacía el plan, me di cuenta de que crear contenido, escribir para mi *newsletter*, buscar clientes para dar consultoría, lanzar tiendas en línea, crear una empresa de suplementos y todo lo demás que venía parecía como si no tuviera un enfoque o una prioridad en mi vida. Como si fuera a intentar de todo al mismo tiempo. Y otra vez me sentí culpable por el hecho de que me llaman la atención muchas cosas en la vida. Ya no quería equivocarme como cuando elegí una carrera que no era la mía. Este plan se trataba del mundo real. Ya no clases. Ya no materias. Ya no calificaciones. No quería equivocarme otra vez, pero ahora de una manera más grave.

En eso vi la pila de libros que tenía en mi escritorio. Específicamente me concentré en uno: la biografía de Alexander Hamilton. Lo acababa de leer meses atrás. No sabía cuándo podría ir a ver el musical a Nueva York, así que había empezado por conocer su corta vida. Murió, o lo mataron, cuando apenas tenía 47 años. Pero, aun así, durante esos años fue banquero, economista, escritor, abogado, maestro, militar, político, escribió parte de la Constitución de Estados Unidos, creó su sistema financiero actual y fue la mano derecha del primer presidente en la historia de su país, George Washington.

Honestamente, no creo que alguien le haya reclamado por hacer tantas cosas. Tampoco me imagino a alguien diciéndole que estaba mal y que tenía que elegir un solo camino entre sus diferentes ocupaciones. Pero a nuestra generación, y a muchas anteriores a la nuestra, sí nos lo han exigido.

¿Qué pasó con los grandes ejemplos que teníamos en la historia? Leonardo da Vinci, Galileo Galilei, Benjamín

Franklin, Isaac Newton... Todos ellos, y muchos más, tienen biografías similares a la de Hamilton. Hacían de todo. Mezclaban arte con ciencia, política, escritura, teología, física, astronomía... Mínimo cuatro o cinco áreas totalmente diferentes. Y aunque cada una de sus pasiones iba por diferentes caminos y parecía que eran ciencias separadas, supieron unir los puntos. No los abandonaron para elegir solo uno. Nadie les dijo que estaban muy desenfocados, perdidos, chiflados o distraídos. Recordar eso hizo que recobrara mi seguridad y confianza en lo que estaba planeando y en lo que quería hacer. Aunque fuera muy diverso y parecía que no se conectaba una cosa con la otra, era mi vida y así la quería. Además, algo en el fondo me decía que aunque en ese momento no veía una relación entre los diferentes proyectos, pronto la encontraría.

Con eso terminé mi plan. Como me lo propuse, era un plan de 18 meses. Ahora me tocaba enfocarme de ahí en adelante a dar los primeros pasos.

Y mientras lo hacía, me empecé a sentir como una persona que hacía posibles sus imposibles.

¿Iba a funcionar? A quién le importaba. Yo me iba a asegurar de que la respuesta fuera "sí".

A final de cuentas, estaba en mis veintes. La edad perfecta para darlo todo. De equivocarme. De poder fracasar y que realmente no pasara nada.

Aparte, ya tenía un título de una carrera profesional. Si algo salía mal o las cosas no funcionaban, en el peor de los casos podría pedir trabajo más adelante en cualquier empresa. Sentía la seguridad de que en donde yo quisiera pedir trabajo, me lo darían.

No tenía que independizarme inmediatamente. Y estaba (o estoy aún) en la edad de poder perderlo todo y aún poder vivir con muy poco.

Ese día la elección fue tomar el camino de la aventura, de lo desconocido y del riesgo.

Abrí mi computadora y me puse a hacer algunos últimos ajustes para lo que sabía que venía. Hice cálculos de cuánto dinero necesitaba y anoté cuánto tenía y cómo lo administraría. Cancelé todas mis suscripciones de aplicaciones en línea y anoté cada posible ingreso que tenía previsto. Me propuse no gastar absolutamente nada. Hasta entonces no había podido ahorrar nada. Pero si todo salía bien llegaría el momento para hacerlo.

Por ahora, eran tiempos de ajustarse el cinturón, controlarse, apegarse al nuevo plan y hacer todo para que sucediera.

Además de planes muy retadores y ambiciosos, entré en una mentalidad de decir que sí a todo. Ya había pasado mucho tiempo solo encerrado con mi manuscrito. Con la confianza que tenía en ese momento, me sentí capaz de manejarlo todo yo solo.

"Me encantaría platicarte un proyecto", aceptaba la invitación. "Quiero pedirte un consejo", ¡claro!, mi agenda estaba abierta y disponible para quien fuera. "¿Te gustaría presentarte en este evento?", absolutamente. "¿Puedo platicar contigo?", hoy mismo.

David Noel, rector emérito del Tecnológico de Monterrey, en cada oportunidad que tenía para darnos un discurso nos recordaba lo importante de pagar nuestra hipoteca social. Ahora se ha vuelto uno de mis términos favoritos.

Yo sentía que el mundo me estaba apoyando, y, sobre todo, la vida me había dado muchas oportunidades, y tenía que devolver todo eso bueno que me había pasado. ¿Cómo me iba a negar a ayudar a cualquier persona que me enviaba un mensaje?

Misión cumplida. Antes de que terminara febrero ya tenía mi plan que tanto me había propuesto hacer. Y aunque no sabía exactamente aún cómo iba a lograr cada uno de los proyectos ni cómo iba a crear una empresa entera que se dedicaría a echar a andar más empresas, sabía que todo se podía hacer dentro de los 18 meses que me había puesto como fecha límite.

Ya había respondido a mi gran pregunta: *¿y ahora qué?* ¡Y de qué manera! Todo sonaba increíble. Pero, sobre todo, los planes los había creado yo junto con mis socios. Lo mejor fue que no me dejé influenciar por lo que otros me decían que estaba bien o mal. Ya les pediría su opinión después. O verían ellos los resultados.

Son impresionantes las respuestas a las que puedes llegar cuando tienes la determinación suficiente para sentarte y plantearte las preguntas correctas para definir tu futuro.

Esa primera pregunta ahora se sustituyó por otra: ¿qué es lo que iba a pasar después de año y medio? Eso lo resolvería en su momento. Además, sabía que al menos durante ese tiempo daría todo mi ser y toda mi energía.

Tal vez ese es el propósito o tu razón de ser. Simple y sencillamente hacer lo que puedes, con lo que tienes y con lo que eres. Dejar de lado todas las expectativas que los demás tienen e incluso ignorar cualquier camino que los demás ven como el más normal o el que deberías seguir. Y enfocarte en conectar las diferentes áreas de tu vida que quieres desarrollar o aprovechar, escogiendo lo que enciende tu alma.

Ahora bien, aunque no teníamos un equipo, sabíamos que pronto lo tendríamos. Tenía muchas preocupaciones financieras, nada de ingresos y cero ahorros, pero también confiaba en que pronto se resolverían.

Tenía mucha fe en mí, en mis nuevos socios, en mis planes, en las oportunidades y en las puertas que se me estaban abriendo.

Era como si el coraje me estuviera llamando. En un diccionario tradicional, el significado de esa palabra es "actitud valiente, decidida y apasionada". Así me sentía yo. Pero el segundo y nuevo significado de *coraje* para mí es "vivir la historia de quién eres con todo tu corazón".

Estaba listo para hacerlo.

Esos días me sentía como la mezcla de las letras de las famosas canciones "Roar" de Katy Perry y "Whatever it Takes" de Imagine Dragons.

Pero, sobre todo, cada vez que necesitaba energía ponía "Fight Song". Me identificaba de una manera muy personal con esa canción.

> Esta es mi canción de lucha,
> la canción que me devuelve la vida,
> la canción que prueba que tengo razón.
> Mi poder está encendido,
> empezando ahora mismo
> seré fuerte,
> tocaré mi canción de lucha.
> Y en realidad no me importa si nadie más lo cree,
> porque a mí todavía me queda mucha pelea que ofrecer.

Después viene la estrofa de la canción que habla sobre cómo todo mundo estaba preocupado por mí por no dormir, mientras perdía amigos por hacer que sucedieran las cosas en las que más creía. Pero no me importaba nada, más que lo que yo creía.

¿Tenía miedo? Sí. Pero el miedo, como dice alguien que admiro, siempre está con nosotros y simplemente no tenemos tiempo para él. No ahora.

4

PREPARANDO LA AVENTURA

Cada mañana salía de mi casa manejando mi Mazda gris, que algunos dicen es azul. Lo que más me gustaba del trayecto de mi casa al nuevo distrito de negocios de Saltillo es que no pasaba por ni un solo semáforo. En 10 minutos llegaba, daba vuelta a la derecha y ahí estaba el área donde se estaban desarrollando los negocios más importantes de la ciudad. Áreas verdes, instalaciones nuevas y modernas, y edificios ejecutivos y elegantes.

Ver eso todos los días me daba la sensación de que estaba haciendo lo correcto. Como si ya fuera un empresario exitoso llegando a sus lujosas y modernas oficinas. Exactamente igual que en las películas. La diferencia era que yo aún no lo era. Pero estaba en proceso, o por lo menos intentándolo.

Bajaba al estacionamiento subterráneo y cuando apagaba el carro, sin falta, grababa con mi celular un video o *story* motivacional para Instagram. Desde que me había propuesto utilizar las redes sociales para seguir expandiendo mi alcance, se volvió una prioridad compartir cualquier movimiento que hacía, ideas, pensamientos y videos del proceso de emprender por el que estaba pasando. Me enfoqué en que mi contenido se volviera una especie de un detrás de cámaras.

Había rumores que decían que si un día dejabas de subir videos, tus números se iban para abajo. No quería arriesgarme a tirar a la basura tantos meses que llevaba esforzándome. Fue un reto y un gran compromiso. Pasara lo que pasara, los 365 días del año ahí estaría yo presente en internet con nuevas cosas que decir y compartir.

Después de grabar esas *stories* agarraba mi mochila con mi computadora, mis libretas y mi taza Yeti verde favorita. Prefería llevar el café de mi casa. En el elevador tomaba algunas fotos o leía algún correo hasta que las puertas se abrían y caminaba decidido.

Luego de una búsqueda de locales, oficinas y edificios, Fernando, Maryell y yo decidimos rentar una sala de juntas y un espacio abierto en The Work Club, el *cowork* más accesible de la zona y nuestro favorito en Saltillo. Además, en frente había un restaurante de comida saludable, y al otro lado un centro de bienestar, meditación y aceites esenciales. Estábamos en medio de dos grandes mundos.

Las expectativas eran altas. Las ideas estaban puestas sobre la mesa. También las intenciones. Ya habíamos decidido lo que queríamos, pero faltaba una sola cosa para que el juego estuviera listo.

Puedes planear y decir que harás mil y una cosas. A todos nos encanta soñar con todo lo que vamos a hacer, hasta nos emociona contarle a todo el mundo. Por eso todos amamos ponernos metas en Año Nuevo. En las empresas hay una muy buena vibra cuando hay planeaciones anuales o trimestrales. Y hasta en el día a día, nos sentimos a gusto cada vez que nos sentamos a hacer una lista de cosas que queremos hacer.

Sin embargo, si no tienes la capacidad de sentarte a realmente hacer el trabajo difícil, profundo y necesario, de nada servirá que hayas nacido con la capacidad de soñar o que hayas planeado algo. Y eso es la parte más difícil de cumplir un sueño. De hecho, es la parte que 95% de las personas no logra hacer.

Yo estaba convencido de que quería convertirme en un soñador-ejecutor. Así les llamaba Steve Jobs a las mejores personas de su equipo.

¿Por dónde empezábamos?

Por lo obvio.

Nunca me ha gustado dar un paso sin tener una idea del camino que estoy tomando. Cuando escuché por primera vez la frase "Fracasa al prepararte y estarás preparándote para fracasar" de Benjamin Franklin, se volvió una de mis favoritas. Fracasar para mí no era una opción ni lo será nunca. Así que lo que seguía para poder pasar de las ideas a la ejecución y la acción era una buena preparación.

Hay una diferencia enorme entre las personas que se toman la preparación en serio y los que no. Imagínate este escenario: un líder cita a su equipo a una reunión y en la mesa se sientan dos diferentes tipos de personas. Por un lado, los que se tomaron el tiempo para prepararse y anticiparse a los temas y llegan con una presentación aunque no se las hayan pedido, saben lo que dirán, investigaron qué les podrían preguntar y tienen una carpeta con papeles y notas en orden. Por el otro llegan los que no saben ni para qué es la reunión y solo se presentan para ver qué pasa o qué les dicen. Hay una alta probabilidad de que esas personas se comporten igual en todas las áreas de su vida.

Yo no iba a jugar.

En primer lugar preparé la planeación de cada proyecto. Eso es algo que siempre me emociona hacer y el 100% de las veces que lo he hecho me ha dado resultados y marca una gran diferencia.

Lo importante al hacer una planeación de proyecto es no hacerla demasiado complicada. El objetivo es tener una guía de lo que se tiene que hacer, cuál es el resultado esperado, quiénes son los responsables y cuándo tiene que estar terminado. Aunque en internet hay muchísimas guías y formatos, planeadores y calendarios personales, a mí me gusta hacerlo de la manera más simple posible. Tomo una hoja, pongo el nombre del proyecto y anoto todo lo que se me ocurre que debo tener listo para poder terminarlo. Lo que sigue es pensar en la fecha límite o fecha de entrega que tú quieres determinar.

En el asunto de las fechas límite, a mí me gusta pensar en el menor tiempo posible en el que un proyecto puede terminarse. Si, por ejemplo, me pongo como fecha límite dos semanas para tener listas las especificaciones de un nuevo producto que quiero lanzar, me tardaré dos semanas. Pero si me pongo como fecha límite tener ese documento terminado en un día, eso me tardaré. Volviendo al ejemplo de mi primer libro, si me hubiera puesto como meta terminarlo en un año, eso me hubiera tomado. Pero yo mismo puse un límite de seis meses y eso me obligó a organizarme y a enfocarme para tenerlo listo en ese tiempo. Nuestro cerebro siempre buscará cómo acomodarse para funcionar dentro de los límites que tú le des, así que sé inteligente y utiliza eso a tu favor, no en tu contra.

Cuando cada proyecto y cada una de las tareas tiene una fecha, acomodo la información en un cuadro Gant, así podré verlo todo de manera visual.

Pero ahí no acaba mi planeación. Sigue lo más interesante: construir sistemas. En una conferencia estando en Corea escuché a uno de los expositores decir que tenías que diseñar tus herramientas como si fueras la persona más floja del mundo y quisieras facilitarte la vida. Y hay miles de maneras de hacerlo y son infinitas las áreas en las que puedes aplicarlo. Una vez me di cuenta de que olvidaba cada mes agendar mi cita con el dentista y le pedí a la recepcionista agendar de una sola vez todas las citas del año. Eso es un sistema. Algo más elaborado podría ser una tabla inteligente que diseñé en la que, dependiendo de qué día de la semana era, me indicaba cuántas palabras tenía que escribir para cumplir la meta de escritura diaria y aproximadamente cuánto tiempo me tomaría hacerlo. Ese es otro sistema. Y, por último, otro ejemplo sencillo sería introducir las tareas de cada proyecto en mi calendario, para así saber qué tengo que hacer cada día y hacerlo sin sentirme perdido.

Al final, no hay una receta perfecta para planear, pero sí hay un ingrediente secreto: tomarte el tiempo para hacerlo.

Al terminar de preparar mi planeación, en segundo lugar preparé mi mente. Un reporte de National Science Foundation demostró que los pensamientos que tienes en un día, la mayoría del tiempo son los mismos que los que tuviste el día anterior. Si no empezaba a controlar mi mente, nutrirla y moldearla para el mundo y la vida que quería tener, sería como dejarme llevar por lo que sea que me influenciaran los demás. Para mí era crucial aprender a controlar mis pensamientos, sobre todo desde que empecé a comprobar que lo que decían era cierto. "En lo que pensamos, nos convertimos."

Aun hoy en día el poder de la mente está subestimado por la mayoría de las personas. Pero yo sabía que cuidar mi *mindset* era una de las mejores cosas que podía hacer.

Voltaire decía: "La felicidad recae en cómo riegas el jardín". La vida es tu jardín. Así que preocúpate por regarlo. Y Marco Aurelio declaraba: "Tienes poder sobre tus pensamientos, no en los eventos externos. Entiende eso y encontrarás la fuerza". Ya me había servido antes, no había duda de que me serviría ahora. Y no es por nada, pero poco a poco he comprobado que los pequeños consejos, y sobre todo los más antiguos y tradicionales que parecen insignificantes y a los que no hacemos caso por lo simples que suenan, son los que más funcionan y los que más cambios generan.

Como todo, esta es una práctica constante, hasta los monjes en el Tíbet lo hacen continuamente, así que con más razón nosotros también deberíamos hacerlo.

La manera más fácil que encontré de tener buenos pensamientos es cuidando lo que me rodeaba y decidiendo a qué le daría mi completa atención.

Si mi objetivo era ser alguien creativo y al mismo tiempo una persona de negocios, tenía que cuidar los siguientes aspectos: lo que leía, lo que escuchaba, lo que platicaba, lo que veía, los lugares en los que estaba y claramente las cosas que pensaba. Todo tenía que ir en sintonía con lo que me quería convertir.

Así que reorganicé mi lista de libros. Revisé cuáles seguían en espera y agregué unos nuevos que no había considerado antes. Incluí mi favorito, *Originales* de Adam Grant, además de *Esto nunca funcionará* de Marc Randolph, fundador y primer CEO de Netflix, y *De cero a uno* de Peter Thiel, fundador de PayPal. Si iba a emprender, tenía que saber cómo lo hacían los grandes.

Una de las razones por las que me encanta leer memorias o biografías es porque detrás de las vidas y de los éxitos de las personas siempre hay muchísimos esfuerzos que nosotros no vemos. Aunque nuestros héroes, modelos a seguir, o cualquier persona exitosa, tenga entrevistas, o su historia sea conocida, no hay manera de que en tan pocos segundos puedan contar todo lo que tuvieron que hacer y por lo que tuvieron que pasar para llegar a donde están. Se nos olvida que detrás de lo que vemos en las noticias o en redes sociales sobre sus éxitos y logros están todos esos esfuerzos. Pero lo que me encanta de los libros es que ahí cuentan hasta el más mínimo detalle de cada una de sus etapas. De hecho, pasan meses o años escribiéndolos para asegurarse de eso.

En mi música, además de "Fight Song", mi *playlist* estaba llena de canciones con música y letras que hablaban sobre energía y pasión. No podían faltar "High Hopes" de Panic! At the Disco, "Future Looks Good" de One Republic y "Raging Fire" de Phillip Phillips.

Otra de las cosas que sabía que me iban a aportar era buscar personas que se dedicaran a hacer lo mismo que yo. Por eso también me preparé e hice un nuevo grupo de amigos.

Poco a poco empecé a enviar mensajes a creadores de contenido de mi ciudad y logramos crear un grupo. La primera vez que nos reunimos en persona tenía muchas expectativas. Me imaginaba todo lo que podíamos lograr juntos. Desde apoyar causas sociales y organizaciones hasta los negocios o los emprendimientos de las marcas personales que podríamos llegar a tener. ¡A todos nos podía ir muy bien!

Pero lejos de mis expectativas, como ya me había pasado antes, la plática era de fiestas, de lo mal que hacían las cosas otras personas, de conflictos entre creadores y de chismes. Cada vez que volvía a intentar sacar el tema y poner a discusión cómo podíamos crecer o cómo cada quien podría crear un negocio o una empresa, y cómo los podía ayudar, se quedaban callados y poco a poco cambiaban de tema.

Yo estaba muy seguro de algo. Para mí las redes sociales y mis proyectos no eran un pasatiempo. Crear contenido en internet, y al mismo tiempo emprender, era algo que me estaba tomando muy en serio. Y si no le apostaba a lo grande, ¿para qué estaría en ello?

Entonces... de qué me servía juntarme o rodearme de personas que supuestamente hacían lo mismo que yo, si no íbamos a darnos consejos, ni crecer juntos, ni hablar de experiencias de lo que estábamos viviendo. Es como si alguien quisiera ser pintor y se consigue un grupo de amigos que están empezando a practicar la pintura, pero no lo ven en serio y jamás hablan de eso.

Necesitaba rodearme de personas más ambiciosas. No seguir en conversaciones que me hacían irme para abajo. Algo me decía que ahí no era. Fue una lección. No me puedo sentir frustrado por tratar de ayudar a alguien que no quiere ser ayudado. Si en el futuro alguien quería mi ayuda, yo iba a estar ahí. Pero por lo pronto no iba a perder mi tiempo insistiendo.

No tomé acción (malamente) hasta que un día una cuenta falsa de Instagram empezó a publicar chismes de las personas del grupo. Era obvio que era alguien de nosotros. Me enojé mucho, porque uno, mi mente se estaba distrayendo en algo que no tenía sentido, y dos, alguien ahí no tenía buenas intenciones.

Me salí del grupo de WhatsApp que teníamos y aproveché para hacer otra cosa más que había estado pensando que era necesaria. Borré todo mi historial de conversaciones, me salí de todos los grupos en los que estaba y fui directo a cambiar mi número de celular. No quería que nadie me escribiera. También apagué las notificaciones de todas las aplicaciones, incluidas las de Instagram, aunque prácticamente era mi trabajo. Pero era necesario.

Por muchos días sentí paz, ya que podía tomar mi celular sin ver ni una sola notificación. Todavía sigo convencido de que fue una de las mejores y más simples decisiones que he tomado.

Normalmente estamos para todo el mundo antes que para nosotros mismos. Yo quería estar disponible al 100% para las metas que estaba empezando a determinar y los planes que estaba comenzando a construir. Para nada más.

No me preocupé más por eso. Me convencí de que en el camino del emprendimiento llegarían amigos y conocidos nuevos con los que podría conectar mejor, sin buscarlos desesperadamente.

Para cuidar mis ideas y la dedicación diaria que les pondría, sabía que también tenía que cuidar y preparar mi cuerpo.

Después de que había cumplido el reto de 21 días seguidos de yoga seguía sin fallar. Me propuse mantener ese hábito. En mi calendario, agendé a qué hora me tenía que despertar, a qué hora tenía que salir de mi casa después de tomar mi café y a qué hora llegaba al estudio de yoga.

Entonces, empecé una práctica llamada 5/11. Despertar a las cinco, dormir a las 11. Me acostumbré rápido.

Desde ahí todo fue cada vez más veloz. Iniciamos con uno o dos clientes en la consultoría. Al poco tiempo se fueron multiplicando. Cada vez nos buscaban más, gracias a las recomendaciones que entre los clientes y sus conocidos se daban. También contratamos a nuestras primeras dos asistentes de proyecto. Paulina, que aceptó un sueldo bajo mientras crecíamos y conseguíamos más clientes para la consultoría. Y después Adriana, que solo estaría con nosotros durante el verano.

Uno de esos días, mientras manejaba, iba escuchando un video de Carlos Muñoz, un empresario digital y mentor, en el cual recomienda que si eres un emprendedor que apenas va iniciando y no tienes inversión, lo mejor es armar un programa de prácticas con alguna universidad. Ese mismo día les conté a mis socios lo que había escuchado y pusimos en marcha ese programa con la Universidad La Salle. Varias semanas después, siguiendo un muy estricto proceso de reclutamiento que estructuramos al que aplicaron más de cien personas, estaban con nosotros nuestros primeros cuatro practicantes.

De todos los proyectos que teníamos, poco a poco nos empezamos a enfocar más en la empresa de suplementos. Tal vez era el que más nos emocionaba, y eso se notaba porque las acciones se enfocaban ahí.

El propósito era llevar los nutrientes y los elementos de la tierra a la vida de las personas, combinando naturaleza y ciencia. El nombre que escogimos fue By the land. Nos pareció perfecto.

Cuando reunimos el dinero suficiente para poder invertirlo en By the land, dejamos de aceptar nuevos clientes. Con las ganancias que teníamos ahorradas, iniciamos el desarrollo de los productos y el *branding* de la marca con con la mejor diseñadora que conocíamos.

Uno de los momentos importantes cuando estás creando una empresa, además de decidir el nombre, es definir cómo se va a ver. Después de semanas de espera, cuando nos reunimos con la diseñadora para ver la primera propuesta de identidad gráfica, no sabíamos qué decir. No nos gustó para nada y no queríamos conformarnos. Hasta semanas después volvimos a ver una propuesta más y en el primer segundo lo supimos. Ya teníamos nuestro logotipo.

Además del diseño de la marca, estábamos revisando muchos otros aspectos. Los productos que podíamos lanzar, los ingredientes que no podían faltar, los efectos, sus beneficios. También había mucho trabajo en el área de permisos, registro de marca y el gran tema fiscal y legal. Para los tres era importante darle una formalidad al proyecto. Era algo serio, ordenado y con el objetivo de ser una gran empresa en el largo plazo.

Mientras pasábamos una gran cantidad de tiempo en trámites y formalidades, también encontrábamos tiempo para cientos de sesiones creativas en las que hacíamos borradores de frases llamativas e inspiradoras para la marca, veíamos ejemplos para el empaque en Pinterest y hacíamos lluvias de ideas nuevas cada semana. Siempre haciendo nuestro mejor esfuerzo para que nada se quedara en idea y que todo se convirtiera en acción.

Pero íbamos desfasados de tiempo en comparación con la planeación. Los proveedores eran lentos. La impresión de etiquetas requería semanas. Y ni siquiera teníamos los diseños listos porque había que cuidar miles de detalles nutrimentales y lineamientos que requerían ser aprobados y revisados una y otra vez. Lo frustrante era que la mayoría de lo que se estaba retrasando no dependía de nosotros. Por eso, contrario a lo que pensaría cualquiera con tantos proyectos, nos quedaba tiempo libre.

Una tarde en la que ya no quedaban más cosas que pudiéramos adelantar, Maryell y yo quedamos en ir por café. Me dijo que tenía pensado lanzar un curso presencial sobre productividad, y yo le conté que estaba por lanzar una guía de planeación porque era un tema recurrente y de interés en mis redes sociales. La plática se fue por sí sola a comentar qué prácticas y metodologías llevábamos a cabo para ser productivos y qué consejos teníamos. "¿Por qué no hacemos el curso juntos?", me propuso. Automáticamente me imaginé el estrés que causaría otro proyecto más, los días y las noches que requeriría preparar manuales y presentaciones, el desgaste de vender boletos y lugares, y lo difícil de organizar un evento presencial.

Emocionado, acepté.

Lo que más nos gustaba, a diferencia de otros proyectos, era que este dependía exclusivamente de nosotros dos y de nadie más. No había proveedores, ni intermediarios ni nada que nos detuviera.

Nos pusimos a trabajar y lanzamos Kill Procrastination, un curso de productividad que nos encantó preparar. Anunciamos una preventa y, al contrario de la preventa de mis libros que no había funcionado varios meses atrás, esta vez vendimos todo. Nos gustó tanto la experiencia y el contenido que al final del curso decidimos lanzarlo también en línea.

Fue un gran respiro a mis finanzas personales. Durante varios meses el curso en línea se volvió mi mayor fuente de ingresos con el beneficio de que no requería tiempo porque automatizamos todo el proceso y el contenido. Era un ingreso pasivo.

Uno de los consejos que me aseguré de incluir en las lecciones fue "La regla de los 5 segundos", propuesta por la autora Mel Robbins. En teoría, cuando tenemos la intención de hacer algo, como pararnos de la cama, expresar nuestra opinión o ir al gimnasio, en automático la mente por sí sola empieza a pensar en razones para no hacerlo. Y una manera de distraer esos pensamientos para no idear excusas es pensar lo que quieres hacer e imaginarte una cuenta regresiva como si fueras a lanzar un cohete. "Cinco, cuatro, tres, dos, uno, cero." ¡Y lo haces!

También explicamos a detalle otras prácticas como la "técnica Pomodoro", en la que determinas bloques de tiempo de 20 minutos, concentrado y sin distracciones, y después un espacio libre de cinco minutos. Así, cuando tienes un pendiente, un proyecto o una tarea, le dedicas dos o tres "pomodoros", o bloques.

Fue increíble e inspirador leer los comentarios de las personas que tomaban el curso y realmente ponían en práctica todas las herramientas que les brindamos. Seguíamos cumpliendo nuestras metas, mientras ayudábamos a los demás a cumplir las suyas.

También me preparé para ser maestro.

Durante esos meses me invitaron a dar clases en un lugar llamado La casa de los niños. Cuando me contaron la situación, de inmediato dije que sí. Desde hace más de 25 años se dedican a buscar a los niños y adolescentes en condiciones más vulnerables en las zonas con mayores índices de pobreza. Por medio de clases complementarias a las de sus escuelas, les dan atención médica, psicológica y familiar. Lo que más me hizo sentido fue que realmente se involucran en la historia de cada niño, e independientemente de los programas que tengan, tratan de apoyarlos de la mejor manera.

"No puedes querer ser lo que no puedes ver", pensé.

Mi objetivo ahí sería que los niños de esa generación pudieran ver otra posibilidad. En el resumen que me dieron antes de mi primer día, supe que la mayoría tenía como meta salir pronto de estudiar para buscar algún trabajo en alguna construcción o algo similar.

Si lo veíamos desde una perspectiva temporal, los niños seguirían el mismo camino que habían seguido sus papás o familiares en su mismo contexto social. Como si fuera un patrón.

Yo no les iba a enseñar matemáticas, inglés o historia, pero quería asegurarme de que por lo menos supieran que podía haber otro camino, uno que ellos mismos eligieran.

Si tan solo pudiera dejar una semilla en su mente de que había otra posibilidad a lo que veían como algo normal, tal vez algunos de ellos serían los primeros en su familia en romper el patrón y se arriesgarían a probar otro camino. Si lograba que alguno de ellos tan siquiera se imaginara algo diferente, mi trabajo estaría hecho.

Empezaría por mostrarles la posibilidad de tomar el camino de estudiar preparatoria y después una carrera profesional. Les quería compartir mis ejemplos a seguir. Presentarles empresarios de la localidad que habían empezado desde abajo. Y contarles historias de personas que habían salido adelante sin importar las condiciones. Pero el primer día casi me vuelvo loco. Nunca me imaginé que ser maestro sería una tarea tan difícil. Si no tienes liderazgo, hasta en un grupo de niños ellos terminan liderando el salón.

Cuando ya no podía más, lo que hice fue separarlos a todos, los puse a hacer respiraciones y a hacer una meditación guiada que me inventé en el momento. Después hice algunos ejercicios de visualización. Eso sí les interesó, me pusieron atención y todos lo hicieron muy bien.

Aunque cada día batallaba para buscar dinámicas que los mantuvieran interesados en lo que hacíamos, en mi corazón sabía que valía completamente la pena, y que era una de las mejores oportunidades que tendría para tratar de hacer un cambio real y palpable en la vida de alguien más.

Una tarde me quedé hasta el final con otra de las maestras de tiempo completo. Ella era la que pasaba la mayor parte del día con ellos, los conocía muy bien, y me empezó a platicar una por una la historia de cada uno de los niños que tenía en mi grupo. Desde violencia familiar, intentos de suicidio hasta problemas alimenticios. Por supuesto, sumados a los problemas económicos de sus familias.

Para mí eran los niños más amables, inocentes y buenos. Pensar todo lo que estaban viviendo me partía el corazón. Todavía no puedo entender cómo es que puede estar pasando eso, en mi ciudad, en mi estado y en mi país. ¿En dónde estaban todos nuestros impuestos dedicados a la educación?

Y esos eran solo los casos que yo conocía. Varias veces me quedé pensando en cuántos casos así habrá en el país. Probablemente, en un país con un índice de población en el que más de 49% de las personas que lo habitan viven en una situación de pobreza y más de 20% no tiene nada que comer, hay millones de ejemplos como los que estaba conociendo. Se nos olvida, y me desespera, porque somos un país que tiene los recursos y las personas para lograr un cambio.

Estoy acostumbrado a que me digan una y otra vez que el país y nuestra situación nunca van a cambiar. Pero yo sé que sí. Vi con mis propios ojos cómo en Corea pudieron pasar de ser un país más pobre incluso que algunos países de África, hasta llegar a ser una de las mejores economías en el mundo. En una sola generación. Y no son el único país que ha logrado un cambio radical, hay más ejemplos. Tal vez no hace falta inventar un método, solamente tenemos que voltear a ver cómo lo hicieron esos países y seguir su ejemplo.

Lo que sé es que nuestro país y Latinoamérica van a cambiar cuando las personas que tuvimos mejores oportunidades, y que pertenecemos a la otra parte de la población, tomemos la responsabilidad de hacer que ese cambio suceda.

Y, por último, estaba mi sueño de ser conferencista. Así que también me preparé para eso.

A muchas personas les da miedo hablar en público. A mí no, al contrario, me encanta hacerlo. Hay dos cosas que no se comparan con nada: la adrenalina y los nervios antes de entrar al escenario, y la emoción por los aplausos después de haber dado tu máximo esfuerzo. Es como un intercambio de energía. O, mejor dicho, una multiplicación. Das todo lo que tienes y a cambio las personas en el auditorio lo hacen aún más grande y te lo regresan.

Esos días y experiencias siempre han sido mis favoritas. Desde que era estudiante me encantaban los proyectos en los que teníamos que exponer. Cuando algún maestro nos asignaba un tema para explicar, el día de la entrega siempre preguntaban quién del grupo quería pasar primero. El salón entero sabía que, si me volteaban a ver, ya iba a tener la mano levantada. Una disculpa a todos los equipos que tuve durante todos esos años. Siempre los hacía enojar porque ellos querían exponer al último y yo al principio.

A veces exageraba y no me importaba. Algo que nunca he tolerado es ver maestros o compañeros que solamente pegan textos y párrafos enteros en diapositivas, así que siempre conectaba mi computadora y ponía mi presentación sobrediseñada, y presentaba como si fuera una TED Talk o una rueda de prensa de una de las mejores empresas multinacionales. Aunque en la realidad fuera un salón pequeño con cinco o diez estudiantes, yo me imaginaba que estaba presentando una gran conferencia ante una enorme audiencia.

Ya había tenido varias experiencias locales presentando mi libro o dando algunas pequeñas conferencias. Y como no me había encantado el resultado, porque no me había preparado tanto, estaba en el proceso de diseñar algo nuevo.

Cuando aún no lograba llegar al mensaje fuerte y contundente que quería transmitir, encontré en internet la convocatoria para *speakers* y conferencistas de TED. En algunos días más habría audiciones en Monterrey. Un segundo después, ya me había registrado. Fue una buena manera de sentir un poco de presión para acelerar el proceso de terminar de armar mi conferencia.

Por las prisas, preparé algunas cosas en un cuaderno y ensayé una o dos veces.

Fui a Monterrey, presenté mi "intento" de conferencia, y mientras hablaba, yo mismo perdí la emoción y hasta el tono de mi voz fue bajando porque me daba cuenta de que no estaba llegando a transmitir lo que quería.

Varios días después recibí un correo en el que efectivamente me confirmaban que no había quedado seleccionado. Perdí la oportunidad. Pero, sobre todo, aprendí la lección. Si ya hay un método en el que confías, y te funciona, llévalo a cabo.

Al día siguiente era sábado. Me desperté temprano y me fui a un café, determinado a que nunca más me volvería a pasar. Anoté palabras clave de lo que quería decir, las emociones que quería transmitir, y a partir de ahí empecé a crear una historia sólida. En un nuevo documento de Word escribí cada palabra de mi nueva conferencia. Ese documento al final resultó de una extensión de más de 20 páginas, pero era la única manera en la que me sentía cómodo, teniendo exactamente escrito lo que iba a decir con las palabras, los espacios en donde me tenía que reír, en donde me tenía que poner más serio, o sonar más inspirado.

Después, hice una presentación con estilo minimalista. Me inspiré en las *keynotes* anuales que hace Apple para presentar productos. Diapositivas limpias. Nada de textos aburridos. Solo títulos contundentes. Por último hice tarjetas solo con palabras clave que me ayudaban a ensayar.

Ahora sí, estaba listo para presentarme en donde fuera y en el momento indicado.

No toda mi preparación fue perfecta. Hubo un día en el que todo me falló. Y fue en uno de los días importantes en los que nada debía de fallar.

Mi calendario aparentemente estaba perfecto. Era 5 de noviembre, mi cumpleaños, y lo iba a pasar haciendo una de las cosas que más me gusta hacer: trabajar. Me habían invitado a dar una conferencia en la Universidad Iberoamericana, en Baja California.

Me desperté a las tres de la mañana. Mi conferencia sería a las 11. Me bañé, me cambié y salí manejando al aeropuerto. Ese fue el error número uno. En la carretera, me equivoqué de caseta, error número dos. Tuve que atravesar una ciudad por en medio en lugar de rodearla, error número tres. Y me tocó un retén de seguridad que no avanzaba rápido. Al llegar al aeropuerto perdí mucho tiempo en el estacionamiento, error número cuatro. Aun así, yo sabía que podía alcanzar el vuelo. Corrí lo más que pude, pero tardé más tiempo de lo normal en seguridad por llevar un líquido en un frasco más grande de lo permitido en la maleta. Me quedé sin mi loción favorita, error número cinco.

La suma de todos los errores e imprevistos terminó en que cuando llegué corriendo a la sala de espera, vi cómo se cerraba la puerta de abordaje.

Sentí que el mundo se me caía.

Se supone que iba a aterrizar tres horas más tarde en Tijuana y me iría directo a dar mi conferencia, la cual estaban esperando desde hace meses. El plan era perfecto. Y como era mi cumpleaños, terminando la conferencia manejaríamos a Los Ángeles para ver el show nocturno de Disneyland y visitaríamos Universal Studios la mañana siguiente. Pero en lugar de eso tuve que enviar un mensaje demasiado apenado de que había perdido el vuelo. Lo peor era que teníamos que cancelar todos los planes porque no había otro vuelo en el cual pudiera llegar a tiempo para mi evento.

Fue el cumpleaños más desastroso que he tenido. También el más aburrido porque estuve más de diez horas en un aeropuerto. Después de las llamadas y la cancelación del evento, encontré un vuelo para ese mismo día en la noche a San Diego. Al día siguiente, con mucha pena (que se me pasó rápido), pude disfrutar del castillo de Harry Potter con mi cerveza de mantequilla y visitando varias veces la tienda de varitas.

Y lo más importante, me prometí a mí mismo que cuidaría con mucho más detalle mi calendario y la planeación de mis itinerarios.

Por último, me quedaba claro que prepararme y hacer planes era solo el primer paso. Seguía la acción y la ejecución.

He conocido personas que "se están preparando" todo lo que pueden para poner un negocio o cualquier otra cosa. ¿El problema? Se mantienen preparándose toda su vida. Entran a todos los cursos que ven anunciados, buscan a la mayor cantidad de expertos posible para preguntarles todos los detalles con anticipación y todo el día están pensando cómo empezar, en lugar de hacerlo.

Yo me preparé bien, pero rápido. Ahora seguía actuar.

En mi mente, estaba dando los primeros pasos, así como lo han dado los CEO y emprendedores de Silicon Valley que más admiro. Muchos de ellos no sabían absolutamente nada de negocios cuando empezaron sus compañías. Y estoy seguro de que ninguno se imaginó el camino tal cual lo iban a recorrer.

Es imposible.

De lo que más estoy seguro es de que todos ellos no estuvieron buscando "cómo hacer esto...", "guía para lograr aquello...". Simplemente se prepararon rápido, con un plan de negocios o un plan para llevar a cabo sus proyectos, y pasaron rápido a la acción para hacer lo que tenían que hacer y se dedicaron a hacerlo. Claro que en el camino y en el proceso se enfrentaron a variantes y a puertas nuevas, pero no había manera de descubrirlas si no hubieran empezado.

Dejando de lado los ejemplos que siempre escuchamos en todas partes, ponlo en tu contexto. Piensa en tu colonia y en tu ciudad. Piensa en los empresarios, artistas, deportistas e incluso personas exitosas de tu círculo cercano. ¿Crees que sabían al 100% lo que tenían que hacer para llegar a donde están? La respuesta siempre será no.

¿Yo? No sabía nada de lo que ahora sé sobre cómo se crea una empresa. Y eso que, en teoría, debería haberlo sabido. De eso se había tratado mi carrera profesional. Pero nada puede anticiparte por completo a lo que será la realidad.

En mi experiencia, he leído miles de artículos de los millones que hay en internet publicados, que tienen títulos sobre cómo hacer crecer tus redes sociales, cómo empezar una empresa, cómo crear una marca, cómo arreglar tu vida, de cómo esto y de cómo aquello.

Tienes que saberlo: ninguna guía que exista hoy o mañana será el paso a paso exacto que tú necesitas. Y eso me aterra, porque evidentemente soy una persona que vive junto a su calendario y su agenda.

Lo único que necesitas es esto: escribir un plan y proyectar modificarlo cuantas veces sea necesario mientras vas avanzando. No hay manera de modificar un plan antes de ir probando qué funciona y qué no. Hasta los libros que había leído sobre cómo crear una empresa decían: "El plan siempre va a cambiar, pero debes tenerlo".

Si alguien tiene la duda sobre si yo hubiera preferido saber todo lo que iba a pasar de ahí en adelante, los retos, decisiones, imprevistos y situaciones que enfrentaría, y haberlo tenido todo detallado en un solo manual para seguirlo al pie de la letra, mi respuesta siempre será un fuerte *no*. Hubiera sido muy aburrido, para nada emocionante, no habría aprendido nada. Y hubiera sido cero inspirador.

Así que con todo y mi plan y mi preparación, estaba empezando el camino, que en ese entonces ni por poco imaginé la gran aventura que sería.

5

SIN SALIDA

El tiempo libre se había acabado. Estaba de ocho a ocho en mi oficina. Durante esas horas pasaba de todo. Cada día se sentía como un torbellino. Me sentía contento, productivo, enfocado. Sabía que estábamos por llegar a nuestra gran meta, y esa sensación de satisfacción no se comparaba con nada.

Un año después de que nos asociamos Fernando, Maryell y yo, y nueve meses después de haber tomado la decisión definitiva sobre cuáles iban a ser nuestros proyectos, ya podía ver que estábamos en la recta final para lanzar nuestra empresa, la más grande y la más prometedora, By the land.

Se convirtió en parte de mi rutina llegar, consultar en qué parte del proceso íbamos en los diagramas de Gant y la planeación que teníamos, y ver qué tocaba ese día.

Mi mochila estaba llena de carpetas de aros tipo *binder*. No es secreto que una de las culturas de trabajo que admiro es la de la Casa Blanca. Parece que ahí todo está ordenado y planeado a la perfección. En cada documental, película o serie con historias sobre el presidente, aparecen escenas en donde por la mañana le entregan esas carpetas con lo que tiene que saber y decidir ese día, y por la noche, otra pila de carpetas con textos importantes para leer antes de dormir.

Así que yo preparaba mis propias carpetas. La más importante, la que consultaba cada hora, era una con el título "Checklist final para lanzamiento". Con una lluvia de ideas pudimos anotar los últimos ajustes y pendientes que debíamos completar para tener todo listo el día del lanzamiento.

Toda mi vida giraba en torno a ese proyecto. Realmente estaba desayunando, comiendo y cenando lo que sería mi empresa.

Un domingo, cuando nos faltaba poco para lanzar, nos juntamos en un Starbucks para revisar casi por última vez el sitio web. No teníamos una diseñadora para la tienda en línea. Nosotros lo íbamos a hacer. O, mejor dicho, creíamos que nosotros lo haríamos.

"Está horrible", dijimos los tres. Después de horas, miles de cambios y modificaciones, estábamos estresados porque no lográbamos hacer que se pareciera a lo que teníamos en mente.

No lo dudamos. Necesitábamos ayuda. Al día siguiente publicamos dos vacantes urgentes de diseño gráfico. Y así fue como se sumaron Mayra y Paola al equipo de By the land.

El día que mandamos el archivo de las etiquetas nombrado "Final final final final verdaderamente el final revisado.pdf", y que nos confirmaron que se habían ido a impresión, no lo podíamos creer. Era un proceso en el que habíamos estado más de seis meses. De hecho, creímos unas cinco veces antes que ya habíamos terminado, pero ahora sí era en serio. Si había otra falla u otra modificación ya no había marcha atrás.

Esa noche invitamos a nuestro equipo a cenar sushi. Fue la primera vez que convivíamos sin hablar de cosas de trabajo. Y la última vez que estuvimos todos juntos, en una misma ciudad y en persona. Así que es un buen recuerdo.

Para ese entonces ya éramos nueve. Nosotros tres, los cuatro practicantes y las dos diseñadoras. Habíamos trabajado mucho.

Varias semanas después, cuando nos entregaron los rollos ya impresos de las etiquetas de todos nuestros productos, faltaban solo 15 días para la fecha en que nos propusimos lanzar By the land. Abril de 2020 sería nuestro mes. Grandioso. Además, algo me decía que los resultados de nuestro esfuerzo serían más grandes de lo que estábamos esperando.

Ya había sido parte de muchos otros proyectos y causas importantes. Y había sido parte de un equipo que tomaba decisiones que impactaban a una ciudad entera, en el presente y en el futuro. Ya había publicado mi primer libro. Y, de hecho, ya había hecho emprendimientos anteriores y hasta había tenido clientes de empresas nacionales.

Pero esto era diferente. No era un juego ni un pasatiempo ni un proyecto de algún estudiante. Era una empresa de verdad y muy seria.

En mis otros proyectos empezábamos y después veíamos cómo ordenar lo legal, lo bancario y lo fiscal. Aunque es una muy buena técnica para empezar, y aprender, esta vez estaba seguro de que quería lo contrario. Esto era para el largo plazo. Y por eso con By the land seguimos el orden y las reglas.

Se habían alargado las fechas, pero, en general, teníamos contemplado todo. Ya estábamos registrados como una empresa formal, teníamos nuestra acta constitutiva y el registro de la marca, y habíamos probado las fórmulas de los productos con los que iniciaríamos.

Hasta que llegó la noticia. Y cambió absolutamente todo.

Como bien recordamos, un viernes antes de las vacaciones de Semana Santa cancelaron las clases, cerraron todas las tiendas, los restaurantes y prácticamente cualquier establecimiento no esencial. Nadie sabía nada de lo que estaba pasando ni mucho menos lo que iba a suceder. Solo sabíamos que de un día para otro estábamos oficialmente en pandemia, teníamos que estar encerrados en nuestras casas, aplicarnos gel cada hora y evitar contagiarnos a toda costa.

En ese momento no creía que significara un gran cambio. La mayoría de lo que yo hacía estaba en línea, y mi empresa, al ser un *e-commerce*, también lo estaría.

Varias horas después, lo único que pude hacer a medio día fue ponerme un cubrebocas e ir por las cosas que estaban en mi oficina. Ni siquiera prendí el aire acondicionado porque creía que por ahí se podía filtrar el virus de la calle.

Llegué al *cowork*, vacío, recogí mis notas y los papeles importantes que estaban en el escritorio y los que estaban pegados en la pared de corcho. También le tomé una foto al pizarrón en el que teníamos algunas notas esenciales. Ahí estaba el *demo* de nuestros productos y empaques.

Regresé a mi carro y me llené exageradamente de gel antibacterial. Me fui directo a mi casa. No había otro lugar a donde ir. Fue muy triste que ni siquiera pude pasar por un café.

En mi casa, me fui directo al jardín. Teníamos una mesa y una terraza pequeña. Nunca la había utilizado, pero ahora se convertiría en mi oficina temporal. Tenía vista al jardín, sombra la mayor parte del día y a Kira.

Acomodé mis cosas, saqué un *legal pad* amarillo, tomé una pluma negra, porque la situación era muy seria, y abrí mi computadora. Era hora de averiguar qué haríamos con lo único que me importaba en ese momento: el lanzamiento de mi empresa.

No era posible que después de meses, cuando estuvimos a punto de tenerlo todo listo, solamente faltando unos días, ahora tuviéramos todos los cabos sueltos. Se sintió como volver a empezar desde cero.

Pero de algo estaba seguro. Nada, ni una pandemia, nos iba a detener.

¿En dónde estábamos?

Pues precisamente la siguiente semana teníamos una visita programada a la fábrica y al laboratorio en donde estaban elaborando el primer lote de nuestros primeros cinco productos. Nos avisaron que habían tenido que cerrar.

El proveedor de las cajas de cartón que estaba maquilando el empaque con nuestro propio diseño, material y colores, con un interior con la forma del bote de pastillas, nos avisó que la fábrica tenía retrasos porque no podía ir todo el personal.

No es secreto que lidiar con proveedores externos es un dolor de cabeza. Hasta en las grandes empresas nacionales y multinacionales hay retrasos y pérdidas. Ahora era eso multiplicado a la máxima potencia.

Llegó el lunes y tuvimos nuestras primeras juntas por Zoom. ¿Quién hubiera dicho que se volverían parte de nuestra vida diaria? Durante la carrera había tenido algunas clases en línea y no me habían gustado para nada, no podía poner tanta atención, pero ahora tenía que acostumbrarme.

Juntos pensamos en diferentes escenarios. Pronto tendríamos que decidir cómo iba a proceder la situación y cuándo iba a ser nuestro lanzamiento. Por el momento, aún no teníamos la suficiente información como para saber cuándo podríamos hacerlo.

Lo único que estaba bajo nuestro control era nuestra tienda en línea y las redes sociales. Así que en eso nos íbamos a enfocar, en que estuvieran listas y que fueran perfectas.

Durante esa llamada le explicamos al equipo cuál iba a ser la manera de trabajar. Por lo menos durante los siguientes 10 o 15 días. Lo primero que se nos ocurrió fue tener una llamada a las nueve, y otra más de seguimiento a mediodía. Aún no teníamos equipos estructurados, ni divisiones ni organigrama ni nada. No lo habíamos necesitado.

Sin saber, sería solo una de las muchas formas de organizarnos que intentaríamos durante el camino.

Sé que no fue así para la mayoría, pero en el encierro yo me sentí lleno de energía. Tal vez fue la mezcla entre la adrenalina que me provocaba tener mi propia empresa y la sensación de que estaba frente a un escenario completamente desconocido que ni en sueños me hubiera imaginado. Una nueva aventura para la que tenía que buscar miles de nuevas soluciones.

Era una adversidad por la que estaba pasando el mundo, pero no un fracaso mío.

Mi mente no paraba. Sentía que, sin saberlo, me había estado preparando para un momento como ese.

Unos años atrás, en mis últimos semestres, había descubierto los libros de desarrollo personal. Cuando descubrí todo lo que había en ellos, jamás los abandoné. Muchos piensan que son libros para "arreglar" tu vida. Más bien son para mejorarla, porque te dan ideas y te abren a mundos que no conocías.

En uno de esos libros me topé con la palabra *resiliencia* y no sabía a qué se refería. Después de *googlearla*, se convirtió en uno de mis temas favoritos. En química, un material resiliente es aquel que puede adaptarse; en la ciencia de la psicología, resiliencia es la capacidad que tenemos las personas para recuperarnos de los fracasos. Entre más resiliente eres, más rápido te recuperas.

Por mucho tiempo se volvió un objetivo muy grande para mí practicar ser resiliente en los aspectos chicos y en los grandes. Cuando se trataba de decepciones pequeñas, y tenían que ver con alguien más, intentaba no tomármelo personal. Así que ahora era el momento de empezar a aplicar todo lo que había aprendido sobre ser resiliente y cómo mantenerse fuerte ante los momentos difíciles. Lo había practicado en fracasos normales o pequeños. Ahora tocaba el grande.

Algo que me ayudaba también era simplemente saber que volvería a dar mi mejor esfuerzo. Y ahora, en esta época, es cuando más necesitaba darlo.

Esa época nos enseñó que aceptar las emociones, como la frustración y la tristeza, está bien. Pero eso no significa que vayamos a dejar de lado nuestra responsabilidad de aprender a controlar cómo se van a desarrollar nuestras emociones en el futuro.

En Twitter publiqué una frase que decía: "Si no sales de esta pandemia con un libro leído, una nueva empresa, o una habilidad aprendida, nunca te faltó tiempo. Te faltó disciplina". Tuvo un gran alcance, más que muchas de mis publicaciones anteriores, pero no me imaginé que causaría tantas opiniones diferentes y divididas.

Tal vez ese ha sido uno de los errores más grandes que he cometido desde que empecé en el mundo de las redes sociales.

Yo me sentía lleno de energía y listo para cambiar lo que tuviera que cambiar y comerme al mundo con todo lo que quería hacer, pero eso no significaba que todos se sintieran de esa manera.

Muchas personas estaban pasando por los peores momentos, perdiendo seres queridos. Otras atravesaban depresiones causadas por el encierro. En el momento en que lo publiqué, mi intención era compartir algo de la energía que yo sentía.

Lo que quería era ayudar. Pero se convirtió en una de mis primeras controversias en internet. Un gran malentendido que si trataba de explicar sería peor. Me enfoqué en mi trabajo y lo dejé pasar.

Empresas y artistas estaban tratando de hacer la situación lo menos difícil posible. Yo también quise poner mi granito de arena. Decidí regalar mi libro a todas las personas que necesitaban distraerse o consumir un contenido que no estuviera lleno de ansiedad y paranoia. Aunque yo no tenía un presupuesto enorme como Amazon, Google o Apple para regalar algún servicio, tampoco estaba en quiebra como para no ponerme la camiseta para ayudar. Subí el PDF de la versión digital sin pensarlo dos veces. Sin pedir absolutamente nada a cambio, más de 10 000 personas lo descargaron el primer día. Pero eso no fue todo lo que pasó. Lo siguiente me dejó sin palabras.

Antes de irme a dormir todas las noches reviso mi correo electrónico para ver si llegó algún último aviso importante durante el día. Pero esa noche, mi bandeja de entrada estaba llena de recibos y notificaciones de compra. Había cientos de personas que no solo estaban descargando mi libro, también lo estaban comprando en versión física.

¡Más (y excelentes) cosas por hacer!

Al día siguiente me desperté temprano y empecé a organizar cómo iba a firmar y a enviar los libros que estaban comprando, y me puse a hacer cálculos de cuántas cajas de libros y ejemplares más iba a necesitar.

Además del curso en línea que habíamos desarrollado Maryell y yo, mi libro era otra fuente de ingresos constante. Pero como ya había pasado más de un año y medio desde que lo publiqué, la curva de ventas, como es normal, había bajado. Y todo lo que ganábamos de la consultoría, desarrollando sitios web y tiendas en línea todavía seguía siendo para invertirlo en nuestra empresa.

Fue un gran alivio que, de repente y sin esperarlo, otra vez tuviera más ingresos. Pero sobre todo fue una gran lección. Había comprobado algo que había leído sobre la importancia de ayudar desinteresadamente, porque es cuando más se abren nuevas oportunidades. Yo había puesto algo gratis con la intención de ayudar y fue como si el universo me lo hubiera regresado al instante. Por fortuna el universo me había encontrado ya preparado con un sitio web en forma para recibir órdenes. Como dicen, la suerte te tiene que encontrar trabajando.

Sospecho que la que más estaba disfrutando era Kira. Qué a gusto para ella no saber nada del caos que estaba ocurriendo en el mundo y solamente darse cuenta de que ahora sus dueños estaban 24 horas en casa.

Seguí con mis días de yoga, ahora en el jardín. Salía a caminar y recorrer los parques de mi colonia. Y en mi casa empezamos a comer más saludable que nunca. La última compra de mi mamá: la freidora de aire.

También aprovechamos para hacer una nueva área en mi casa. Uno de los cuartos había estado reservado por años para convertirse en un estudio para leer, hacer tarea o trabajos, pero nunca se concretó y más bien era un área para los muebles abandonados y cajas de cosas que nadie quería pero no tiraban. Ahora por fin teníamos nuestra biblioteca y estudio. También remodelamos la terraza, que quedó más bonita y espaciosa. Los sábados empezamos a hacer "hamburguesadas", solo nosotros cinco.

Mientras eso pasaba, en By the land nos apurábamos cada vez más.

Después de que me gradué, muy pocas veces he llegado a tomar café en las noches. Tuvieron que pasar más de 20 años para darme cuenta de que soy más productivo y creativo por las mañanas. Pero esa noche tenía toda la intención de aprovechar mi energía al máximo.

Esa noche era importante.

En la mañana nos habían avisado por parte del laboratorio que ya podíamos ir a recoger las primeras cajas de nuestros productos. Aparentemente todo se estaba reactivando porque también nos entregaron los empaques para los envíos.

Sin embargo, faltaba la última decisión. ¿Era el momento indicado para lanzar al mercado algo nuevo en medio de una pandemia? Probablemente no. Ya se había extendido la cuarentena una vez. En lugar de una semana, se había prolongado a 15 días. ¿Quién sabía cuánto tiempo más pasaría antes de que todo volviera a la normalidad? No teníamos indicios ni respuestas.

Solo había dos opciones: esperar o adaptarnos. Votamos. Aceptamos que no todo iba a ser perfecto, ya veríamos cómo se iban dando las cosas en el camino. Y decidimos lanzar.

Así que el día siguiente sería el GRAN día. Había pasado casi un año entero desde la primera idea. Oficialmente teníamos todo listo.

"Creo que hoy no podré dormir", escribí. Tomé mi taza y le di otro sorbo. Estaba por enviar uno de los correos a la lista de personas suscritas a mi *newsletter* semanal. Era mi manera de contar todo lo que estaba sintiendo al mismo tiempo que compartía con mi comunidad lo que pasaba detrás de cámaras.

Me emocionan las fechas importantes y los lanzamientos en grande. Cuando era adolescente y mis autores favoritos anunciaban la fecha de publicación del siguiente libro de su saga, o cuando las productoras de cine anunciaban las fechas de las siguientes películas, era un gran tema para mí. Había fiestas en las librerías y grandes estrenos en las salas de cine a medianoche. Ahora ni qué decir de lanzamientos como los de Apple, en los que apenas anuncian el día y la hora exactos en los que estará disponible el nuevo iPhone y un día antes su sitio web se llena de visitas y las tiendas de todos los países con filas de cuadras enteras para ser los primeros compradores.

Así me imaginaba el lanzamiento de By the land. Anunciándolo al mundo entero en una fecha específica para ese mismo día recibir miles de órdenes por minuto.

Para cualquiera podría parecer algo intrascendente, pero para mí darle clic al botón de "publicar" significó el mundo entero.

De un segundo a otro, nuestro gran proyecto estaba en línea.

Corrí por mi celular, me fui a mi carro (porque me sentía cómodo grabando ahí) y empecé a grabar el gran anuncio en mis *stories*. No había nada de lo que me sintiera más orgulloso. Sobre todo porque me encanta decir y contar cómo uso mis propios productos para poder llegar al máximo potencial en todo lo que hago. Expliqué el concepto desde cero y la función y los beneficios de cada uno de los productos lo mejor que pude, y por primera vez compartí el link a nuestra tienda.

Habíamos invertido todas nuestras ganancias como consultores en esta empresa. El 100%. No habíamos tenido sueldos, y prácticamente vivíamos de lo que teníamos ahorrado. En mi caso esa cantidad era cero.

By the land tenía que funcionar. No había opción, no había plan B.

La primera estación de envío fue mi casa, ahí tenía todas las cajas y los productos. El primer lote de envíos lo preparé y lo envié yo. En una impresora normal imprimí las guías de envío y fui a dejarlas a la paquetería.

Al día siguiente fui a dejar todo a casa de una de las practicantes que nos ayudaría a partir de ese momento con los envíos diarios. Al regresar me bajé del carro y entré a mi casa. Respiré. Y como me ha pasado con muchas de las metas que me he puesto, en ese instante pensé: *¿y ahora qué?* La misma pregunta otra vez.

Ya formaba parte de mi historia el hecho de ser un emprendedor y el CEO de una empresa. Pero ahora faltaba la siguiente parte, la continuación: convertirla en una empresa exitosa.

Llegar a tener un producto listo es una tarea enorme, aunque ahí no termina el esfuerzo. De hecho, apenas comienza. Como emprendedor, lanzar no significa esperar las ventas millonarias al día siguiente. Es todo lo contrario. Los problemas iniciales del prelanzamiento se reemplazan por nuevos. Ahora lo más importante es atraer usuarios, lograr que amen tu producto y generar ingresos.

Una de las primeras sorpresas que tuvimos fue que el *e-commerce* en México y Latinoamérica creció de manera acelerada gracias a la pandemia. No solo eso, sino que la industria de los suplementos estaba entre las categorías con más ventas.

Fue un golpe de suerte. Pero un golpe de suerte que solo funcionó porque estuvimos trabajando por más de nueve meses para poder lanzar en ese momento. Habría sido muy diferente si hasta después de haber visto las cifras de los productos en tendencia nos hubiéramos puesto a buscar cómo crear una empresa desde cero.

A partir de ahí, empezamos a llevar a cabo las estrategias que ya teníamos planeadas. Los primeros días también se enviaron los paquetes que iban destinados a una red de *influencers* y creadores de contenido con un estilo de vida saludable. Desde semanas atrás ya estaban contactados, ya tenían sus enlaces personalizados para poder medir exactamente cuántas visitas y cuántas ventas generaba cada uno, y solo estaban esperando el producto para empezar a anunciarlo. Asimismo, ya teníamos preparado el sitio web en donde ellos mismos podrían consultar esa información en tiempo real. Queríamos ser totalmente transparentes con ellos. Y para que funcionara, tenía que existir una absoluta confianza. A todos ellos los llamamos "embajadores".

Después de abrir la tienda activamos nuestras campañas de correos electrónicos, que, por cierto, muchos creen que es algo anticuado u obsoleto. Leímos una cantidad enorme de artículos cuando estuvimos haciendo investigación y solo comprobamos lo que ya sabíamos: el correo electrónico es una herramienta básica para cualquier tienda en línea. En nuestro caso, una cadena de correos hace que por esa vía generemos más de 30% de nuestros ingresos.

También me emocionaba que ya teníamos listos diferentes artículos para nuestro blog. Además, estaban escritos de manera estratégica con palabras clave pensadas para que los buscadores las detectaran y nos ubicaran en la página principal de resultados cuando la gente las *googleara*. A esa práctica se le llama posicionamiento orgánico.

Además de intentar tener visitas de manera orgánica, sabíamos la importancia del pago de anuncios. Como lo demás, también estaba previsto. Le dimos clic para que se activaran las campañas de publicidad pagada en todas las redes sociales.

En Later, una plataforma para acomodar con anticipación las publicaciones de Instagram, ya teníamos una serie de fotos e imágenes diseñadas para que se viera perfecto nuestro *feed*.

No teníamos fotos de productos aún, porque nos los acababan de entregar, pero teníamos *mockups* y diseños que se veían muy realistas, así que empezamos con eso. Y aunque había muchas más estrategias que implementar, estas nos parecieron suficientes, y muy bien planeadas y ejecutadas.

Ahora solo faltaba empezar a vender masivamente. Y eso era lo que más ocupaba mi mente.

Quería hacer todo lo posible. Cualquier cosa que estuviera en mis manos. Sobre todo, poner en práctica mucho de lo que había leído sobre el comercio electrónico durante años. Y seguir aprendiendo más.

Descargué y compré más libros y audiolibros de estrategias de ventas y empecé a familiarizarme con un término que hasta ese momento no conocía: *growth hacking*. Poco a poco fui aprendiendo que es una práctica constante para crecer de manera exponencial la cantidad de usuarios que tiene tu empresa. Aunque no era exactamente lo que nos estaba pasando.

Las primeras veces que veíamos cómo los *influencers* anunciaban nuestros productos, o cuando un correo electrónico generaba una venta, nos emocionábamos de una manera increíble. Y durante las primeras semanas la suma de todos nuestros esfuerzos y estrategias hicieron que las cosas marcharan bien.

Pero no de manera extraordinaria.

La mayoría de los días teníamos ventas, aunque no eran algo sensacional y enorme como habíamos esperado. Con tanto esfuerzo que le poníamos los socios y el equipo, creíamos que debíamos tener resultados mucho más grandes.

Honestamente, celebrar cada notificación de una orden era bueno y al mismo tiempo triste. Quizás eso era lo que más me desanimaba, no tener los resultados esperados en el único proyecto al que estaba dedicado.

Hubo mucho análisis y revisión de nuestras estrategias. Al final decidimos que era momento de actuar y buscamos a nuestro primer mentor para poder crecer la empresa. Hay ocasiones en que lo mejor que puedes hacer es acercarte a las personas que ya tienen experiencia y un gran camino recorrido cumpliendo la meta que tú quieres. Por eso buscamos a una de las personas que conocíamos que tenía un par de marcas exitosas. En la primera sesión nos dejó claro que, desde su perspectiva, nuestra meta tenía que ser llegar a vender un millón de pesos al mes. Para ese momento, con todo lo que hacíamos no alcanzábamos ni 5% de ese número.

Cada mes nos quedábamos en cifras similares a las del mes anterior. Era como estar atados de manos. No podíamos dejar de hacer lo que estábamos haciendo, pero tampoco podíamos hacer más. No podíamos contratar más personas para vender más porque los sueldos apenas alcanzaban. Conocimos a otro posible mentor, pero tampoco podíamos pagarlo aún. No podíamos invertir más en mercadotecnia y anuncios porque la mayoría de lo que obteníamos ya se destinaba a eso.

No quería decirle a nadie que las ventas no subían o que estaba completamente desesperado pensando qué más podíamos hacer. Ya sabía lo que me iban a responder: "Ten paciencia. Las cosas buenas toman su tiempo".

Yo odio la paciencia y que las cosas tomen su tiempo, no obstante, tenía que aceptar que era verdad. No me quedaba de otra más que aprender a ser paciente y ver qué podía hacer con el tiempo mientras pasaba algo grande.

Domingo. 9 p. m.

En la noche, a la hora de planear mi semana, mientras preparaba mis hojas y libretas, vi un video de Alejandro López, un amigo de redes sociales, en el que compartía una captura de pantalla de su cuenta de TikTok dedicada a tips para viajeros. Estaba creciendo muy rápido. Ese día acababa de llegar a más de 40 000 seguidores.

Me emocioné y le respondí felicitándolo. Me daba mucha ilusión que su proyecto estuviera creciendo tan rápido.

"Tú también deberías de empezar, eh", me contestó. Me reí y le contesté educadamente. Yo sabía que, para mí, la plataforma de TikTok no era una opción. Pero dejó la semilla de la duda y la curiosidad. El "qué pasaría si...".

En ese momento todo mundo estaba empezando a hablar de esa nueva aplicación llamada TikTok, pero nadie estaba creando videos ahí. Al menos nadie que yo siguiera o conociera, a excepción de mi prima Camila y de Alejandro, y ambos la estaban rompiendo en su crecimiento dentro de la red social.

Primero me negué. No veía cómo yo podría hacer videos bailando. Para empezar, ni siquiera sé bailar, menos iba a poder aprenderme dos o tres coreografías enteras cada día.

Además, aunque parecía que la app tenía muchos usuarios, creí que ahí a nadie le interesarían los libros, consejos, frases, ni las historias sobre cómo emprender, ni nada de lo que yo normalmente compartía. Era 2020 y no había ninguna cuenta sobre esos temas.

"Aunque... tal vez encuentres a 50 o 100 personas nuevas, a lo mucho. Y esas 50 o 100 personas nuevas habrán valido la pena", pensé. Si alguien pudiera hackear mi memoria, se daría cuenta y confirmaría que en verdad sí pensé eso.

"¿Valdrá la pena? Ok. Le daré una oportunidad."

Ya estaba decidido, así que no había vuelta atrás. Solo me faltaba descubrir cómo lo adaptaría a mi contenido y cuándo era más oportuno probarlo.

Mi reacción inmediata fue querer prepararme. Corrí por una libreta nueva para hacer una lluvia de ideas de los temas sobre los que se podrían tratar mis videos y cómo podría estructurar mi nuevo perfil.

"Voy a ver ideas toda esta semana y..."

Me quedé congelado en medio de esa frase, porque comprendí lo que estaba haciendo. Me estaba autosaboteando. Quería dejar pasar una semana más en lo que "veía ideas" o "me preparaba" en lugar de agarrar el celular y empezar a grabar un video ya. Claro que eso era miedo. Miedo a fracasar o a que subiera un video y nadie lo viera. El miedo al qué dirán se estaba viendo reflejado en excusas.

"Pues usemos este miedo como impulso." Además, como dice Tony Robbins: "Si te asusta podría ser bueno intentarlo".

Prendí la luz, abrí TikTok y grabé mi primer video de lo que se me ocurrió en el momento. Con la peor luz amarilla que tenía de una lámpara de escritorio, sin saber editar, sin saber nada de cómo se utilizaba, me grabé diciendo una de mis frases favoritas. Y le di publicar.

"¿Lo había hecho bien?" No parecía un video exitoso a simple vista. ¿Cómo iba a competir con todos los creadores famosos de Estados Unidos? En ese entonces ellos eran la competencia.

Me gustaría poder volver al pasado y decirle a esa versión de mí mismo que no se preocupara tanto. Que no serían 50 o 100 personas interesadas en libros, en negocios o en frases. Que, aunque no supiera cómo funcionaba la aplicación, todo iba a empezar con ese primer video.

Y me gustaría decirle que pronto, más rápido de lo que se imaginaba, iba a estar rodeado de una comunidad de más de dos millones de personas que iban a apoyar su creatividad, sus negocios y todos sus proyectos de ahí en adelante.

6

CONECTANDO LOS PUNTOS

En mi familia se encargan de recordar cada Navidad que uno de los primeros juguetes que pedí cuando tenía tres años, aparte de un Woody y un Señor Cara de Papa, fue la grabadora que también aparece en *Toy Story*, la cual llevaba conmigo a todos lados para grabar a todas horas. Lo peor es que no lo puedo negar. Mi casa está llena de casetes de audio en los que me grababa contando chistes, platicando cómo me había ido en mi primer año de kínder y cómo me sentía cuando me dio varicela.

¿Quién lo hubiera dicho? Hace 24 años ya estaba grabando mi primer pódcast. A veces me imagino qué hubiera pasado de haber existido el internet en esa época.

Fueron buenos años. En las fotos, además de aparecer con mi grabadora, siempre tenía puestas las mismas camisas polo para rugby con cuello blanco, que abandoné casi toda mi vida, y ahora otra vez son mis favoritas.

Más grande, en las reuniones familiares sacaba mis disfraces y les cobraba a todos un donativo obligatorio para ver mi show de magia.

Asimismo, cuando iba en primaria había un programa de radio para niños que escuchaba todas las mañanas. Cada vez que abrían la convocatoria para ser locutor por un día, era el primero en apuntarme para ir al estudio y dirigir el programa.

Cuando compró su primera cámara, mi papá me enseñó a grabar videos cuadro por cuadro. Pasé muchas tardes haciendo videos de mis juguetes y figuras moviéndose como si estuvieran animados, algo así como lo que hace Tim Burton con la plastilina en películas como *El cadáver de la novia* o *El extraño mundo de Jack*. Yo me sentía todo un director de cine.

La primera vez que tuve una cámara web, como acababa de ver la película *Jumper*, en donde se pueden teletransportar de un lugar a otro, hice mi primer video de YouTube en el que aparecía teletransportándome en la sala de mi casa de un lugar a otro. Tantos documentales que veía de los detrás de cámaras de mis películas favoritas estaban dando resultados.

¿Mi futuro estaba pactado? No lo sé. Pero viéndolo en retrospectiva, durante todos esos años, sin darme cuenta, estaba dando los primeros pasos para poder convertirme en un *storyteller* en el futuro, alguien que cuenta historias y que literalmente vive de su creatividad.

Hay días en los que me pongo a imaginar qué pensarían mis bisabuelos o tatarabuelos si me vieran hoy trabajar desde una computadora, en mi cuarto, y de vez en cuando en diferentes ciudades, armando mi propio calendario, dirigiendo mi empresa, escribiendo libros, creando videos y contenido. Muy probablemente en su época me hubieran regañado, me hubieran dicho lo que fuera para que abriera los ojos a la realidad y me habrían enviado a una escuela para aprender algún trabajo técnico.

Por lo que dicen las generaciones más grandes, antes ser creativo era un lujo, y si no tenías ciertos bienes no podías ni siquiera considerar irte por ese camino. Por eso todos hemos escuchado alguna vez en la vida que alguien que decide vivir de su arte "se va a morir de hambre".

Hoy la creatividad ya no es lo mismo que antes. Afortunadamente pude descubrirlo a tiempo. Pero desde el primer intento hasta que llegaron los grandes resultados en los que mi creatividad y mis historias se convirtieron en algo real y serio hubo un gran trecho. Ese camino se hizo aún más claro después de ese domingo que subí mi primer video a TikTok. Si las cosas estaban empezando a ser un poco monótonas y aburridas, a partir de ese momento sucedió lo contrario.

Dos años de experiencia creando contenido me habían enseñado que era muy difícil crecer. Incluso las personas que creaban videos increíbles y se tomaban fotos impresionantes habían permanecido básicamente con el mismo número de seguidores por varios años seguidos, solo manteniendo lo que ya tenían. Sabía que entrar a una nueva plataforma requeriría meses, y quizás años, de tiempo y esfuerzo para algún día tener buenos números y un perfil sólido. Así que entendía que una posibilidad, y la más probable, era que mis primeros videos fracasaran.

Después de subir el primero, no habían pasado ni cinco minutos cuando volví a tomar mi celular, y casi lo suelto por la sorpresa de lo primero que vi. Estaban llegando cientos y cientos de notificaciones. Había muchos comentarios. Y muchos *likes*.

"Okey, esto es serio, ¿qué está pasando aquí?" El impulso, la sorpresa y la sensación de que no creía lo que estaba sucediendo hicieron que aparecieran muchas preguntas en mi mente. Y las quería responder lo más rápido posible. "¿Significa que lo hice bien? ¿Cuándo debo de subir el siguiente video? ¿Cómo funciona esto? ¿De qué manera contesto tantos comentarios? ¿Qué se supone que debo hacer ahora?"

Estaba en shock. Nada de ir a dormir.

Lo único que quería era seguir haciendo más videos. Me imaginaba subiendo a un cohete que estaba por despegar. Otra vez, *momentum*.

Sin poder dormir, busqué la mayor cantidad de información que pude. Pero no encontré mucho material. De hecho, no encontré nada. En ese entonces nadie tomaba TikTok en serio y aún no era considerada una red social. No había artículos con consejos, ni estrategias, ni recomendaciones. Tendría que inventar mi propia estrategia.

Varias horas después me quedé dormido pensando en todas las posibilidades, y soñando en lo que podría pasar en el futuro.

Desperté y lo primero que hice, luego de ver mi celular, fue bajar corriendo las escaleras para contarles a mis hermanas que había alcanzado mis primeros 10 000 seguidores. ¡En menos de 24 horas!

Coincidió que era lunes, un buen día para los nuevos comienzos y retos. Me fui a la mesa del jardín y en mi computadora empecé a trazar el plan que seguiría.

Siempre ha existido el rumor de que las plataformas como YouTube, Instagram y todas las demás premian la constancia. Aunque a ellos les beneficia que mantengas a tu audiencia dentro de sus aplicaciones, esa constancia yo la veo como una analogía de la vida real. Eres constante, obtienes mejores resultados. Así que me prometí a mí mismo ser constante y muy disciplinado.

Me puse como objetivo publicar tres videos diarios. Y también decidí que pasara lo que pasara, no iba ni podía fallar. Era un compromiso que estaba dispuesto a cumplir.

Muchas personas creen que solo se trata de encontrar un espacio de cinco minutos en tu día, abrir la aplicación, darle clic al botón rojo de grabar, decir lo que se te ocurra, editar otros cinco minutos y listo, sigues con tu día. La realidad no es absolutamente nada parecido a eso. Ojalá fuera así de sencillo, ojalá fuera así de rápido.

Como cualquier otro trabajo, cansa. Y como cualquier otra cosa en la vida, requiere tu tiempo y tu energía. Grabar también requiere que te presentes en tu mejor versión. A nadie le gusta ver un video en el que hablas con una voz cansada o desanimada.

Hay tiktokers que suben videos haciendo coreografías; no se les ocurre en el preciso momento, tienen que pasar horas ensayando. Hay creadores que hacen comedia; sé que todos ellos dedican horas a sus *scripts*. Otros hacen videos más producidos con animaciones y textos; pasan horas editando.

En mi caso, que hago videos que buscan mover algo dentro de las personas o dar consejos, también tengo que dedicarme a estructurar lo que quiero decir y transmitir. Poco a poco empecé a calcular que me tardaba aproximadamente una hora grabando cada video. Así que, para darme menos posibilidades o márgenes de fallar, me aseguré de tener tres horas marcadas en mi calendario destinadas a grabar esos tres videos, cada día, de lunes a domingo. Otra vez, diseñé mi sistema.

No importaba si había tenido un día agotador en la empresa, si era viernes y necesitaba irme a descansar, o si no tenía ideas, diario subía mis tres videos. Estaba trabajando duro.

Solo había un problema. Los youtubers, tiktokers o creadores exitosos se dedican a eso de tiempo completo. Es un trabajo. El reto para mí era balancear ese trabajo con hacer crecer mi propia empresa, pero estaba dispuesto a intentarlo.

Entre más meses pasaban, mejores resultados obtenía. Estaba orgulloso porque no fallaba y estaba cumpliendo mi meta diaria. Hasta me daba miedo dejar de subir videos porque otro de los miles de rumores sobre el algoritmo decía que si eras constante y después fallabas un solo día, tu cuenta jamás se recuperaría.

Algo clave fue que en un punto me empecé a poner metas. En una hoja escribía las reproducciones y la cantidad de seguidores a los que quería llegar. Primero fueron 50 000, después 100 000, 200 000, un millón, dos millones.

Como en otras áreas de mi vida, tener las metas por escrito y con una fecha límite hacía que mi mente pensara cómo cumplirlas. En todas esas ocasiones llegaba a la meta mucho antes de la fecha que me proponía. Y, al contrario, cuando no lo hacía, me estancaba.

Algo que también hacía de vez en cuando era ver qué tipo de contenido producían las demás personas. Viendo tantos perfiles diferentes, de todos los países y de todas las edades, me hacía la pregunta que no podía faltar: ¿qué habría pasado si hubiera empezado antes? No me lo preguntaba con respecto a TikTok, más bien, qué habría pasado si me hubiera tomado en serio mi lado creativo antes.

La práctica mental ha demostrado que funciona casi tan bien como la práctica real.

No toda mi vida creí que era alguien creativo. Tal vez hacía cosas creativas, pero aun así no me lo tomaba en serio ni lo reconocía, todo por culpa del error más común que muchos cometemos al pensar que ser creativo significa pintar una obra de arte, tener un cuaderno decorado y lleno de dibujos o sentarte a escribir un poema. Por eso, la mayoría de las personas tiene la creencia de que no son creativas, porque lo comparan con esas actividades. Y pensar que no eres creativo es el primer bloqueo para serlo.

Como siempre pensé que no era una persona creativa, he pasado gran parte de mi vida buscando cómo se han fabricado las mejores ideas. Cada vez que termino de leer un buen libro, investigo la historia del escritor, busco entrevistas para saber cómo se le ocurrió la idea y hasta trato de encontrar los más pequeños detalles, como qué tipo de pluma utilizó en el proceso. Si veo un evento bien organizado, como los Óscares, paso horas buscando quiénes y cómo lo organizaron. Y si alguna película o serie me atrapa, corro a ver las escenas del detrás de cámaras y las entrevistas con el *staff*.

Unas de las últimas producciones que me han sorprendido son las de Marvel. Me impresiona cómo están conectando las historias de las películas con las series mientras mantienen a una gigantesca audiencia mundial que muere por ver el siguiente lanzamiento. Para mi mala suerte, sus producciones son secretas y muy confidenciales. Lo único que espero es que en el futuro Kevin Feige, el director de los estudios, publique su propio libro contando los secretos. Yo sería el primero en comprarlo.

En un mundo lleno de películas, libros, obras de arte, poemas, musicales, obras de teatro y todo lo demás que se nos pueda ocurrir, ¿cómo alguien puede crear algo completamente nuevo nunca antes visto? Lo sé. Pensar en la respuesta estresa.

Cada vez que intento sentarme a buscar alguna idea para alguna novela o para crear mi propia película o serie pasa lo mismo. Escribo posibles historias, me emociono por algunos segundos y les encuentro las fallas. Después comparo esa idea con las historias que ya están publicadas o producidas y me doy cuenta de que mi idea es la peor, y la desecho.

Es muy desesperante que no se te ocurra la mejor idea del mundo. Pero ¿por qué, aunque parece que ya todo está hecho y escrito, a los demás sí se les ocurre?

Me tomó tiempo aprenderlo. Nadie publica sus primeros borradores ni sus primeras ideas. Lo que nosotros vemos son los resultados de lo que les llevó, mínimo, meses en crear. Y muchas veces, años.

Al ser una persona que todo el tiempo tiene que estar encontrando nuevas ideas, por gusto, por *hobby* y por trabajo para mis videos, mi empresa y para todo lo demás que hago, esta ha sido una manera de llevar mi creatividad al máximo potencial posible.

El primer gran aprendizaje que tuve es que la mayoría de las veces la creatividad es 5% inspiración y 95% frustración. Contrario a lo que vemos en las películas, el 5% de inspiración no llega de la nada. Tienes que sentarte a escribir para encontrar inspiración y no al revés. Es como los días que no quieres ir al gimnasio porque estás muy cansado, pero haces un pequeño esfuerzo por ir, y después de los primeros ejercicios terminas con una cantidad de energía enorme para seguir el día. La inspiración, así como la suerte, te tiene que encontrar trabajando.

En segundo lugar, me ha servido mentalizarme que ninguna idea es perfecta o única. Todas son buenas, la diferencia es que la mayoría de las personas nos rendimos en el primer paso, en el momento de la concepción de la idea. Para ser un profesional necesitas tener una idea, aunque sea muy mala, y volver a trabajarla una y otra vez hasta que le des forma.

En mi curiosidad por saber cómo se llevan a cabo los diferentes procesos creativos he visto documentales como *Inside Pixar*, películas como *La red social*, que es la historia de Facebook, o *El fundador*, la historia de McDonald's. Es como volver a leer *El Principito* de Antoine de Saint-Exupéry, en el que, según se dice, siempre encontrarás algo diferente que no habías visto la vez anterior.

Cuando los niños de todo el mundo estaban emocionados por el estreno de *Frozen II* (y muchos adultos también), yo estaba más al pendiente del estreno de la serie que lanzó Disney Plus sobre cómo crearon la película desde principio a fin. No me importó que ya hubiera leído *Creatividad, S. A.*, el libro de Edwin Catmull, o que ya hubiera visto prácticamente todo el material que hay sobre cómo funciona Pixar.

Para mí es la empresa más creativa de todo el mundo. Y cualquier material nuevo que nos dé más pistas sobre cómo logran crear películas tan extraordinarias es digno de mirar, apreciar y aprender de él.

Algo que noté es que en el caso de *Frozen II* lanzaron el primer tráiler sin tener la película terminada. De hecho, no tenían nada, solo las escenas que precisamente aparecían en el video de dos minutos. Con la fecha del lanzamiento mundial encima, y con las altas expectativas porque la primera película había sido un gran éxito, ahora tenían que ponerse a terminar todo lo demás.

Otra cosa que me sorprendió del documental, y que no había leído en ningún libro, es que entre más se acercaba la fecha del lanzamiento, más estresados estaban. Me recordaron a mis épocas cuando tenía que enviar algún ensayo antes de las 12 de la noche y el momento de más inspiración era una hora antes. Lo mismo les pasaba a ellos. Un mes antes de que la película se comenzara a distribuir a todos los cines, ¡aún no terminaban ni siquiera las canciones y tenían huecos en la historia! ¿Iban a entregar una de las películas más esperadas del año, como cualquier estudiante, un domingo a las 12 de la noche? No entendía cómo a Disney y a Pixar les podía pasar eso.

Otra cosa de la que me enteré fue que la historia se va armando en un proceso iterativo. Es decir que la van modificando poco a poco, las veces que sea necesario, hasta que a todos les parezca perfecta.

Una historia que se me quedó grabada para siempre es cómo tuvieron la primera idea para *Monsters, Inc.* Iba a tratarse sobre un señor de 40 años que odia su trabajo y empieza a ver monstruos en su imaginación. Esa no fue la película que vimos, pero si hubieran tirado la primera idea, nunca la hubieran debatido miles y miles de veces para cambiar cada vez más detalles, hasta llegar a la historia que terminó siendo la que vimos en el cine. Y no hay que creer que mejoran sus historias de un día para otro, o con algunas pocas juntas creativas. Literalmente tardan de tres a seis años. Y cada día modifican una pequeña parte más.

Otras empresas han adoptado el mismo estilo de retrabajar una sola idea mala hasta volverla buena. El equipo de BuzzFeed tiene una regla para publicar sus artículos con los títulos más llamativos en internet. Es algo simple: les piden a sus escritores que hagan una lista de 15 posibles títulos, son muy insistentes en que sea esa cantidad. Lo que han comprobado es que los mejores títulos, y los que más funcionan, son los últimos de la lista, y los primeros que anotan son los peores, más tradicionales y aburridos.

¿Cómo pasar esos aprendizajes a mis propios proyectos?

En mi caso no tengo un equipo enorme dedicado a trabajar en las ideas una y otra vez por años. Pero sí tiempo, libretas y hojas.

En el escritorio de mi cuarto tengo una libreta que dice: "Hecho es mejor que perfecto". Esa simple y sencilla frase me ha ayudado de una manera enorme. Funciona, porque, para empezar, nada de lo que hagamos va a ser perfecto, ya que la perfección no existe. Tampoco significa que vayas a hacer un mal trabajo, claro que debes dar tu mejor esfuerzo, pero recordar que hecho es mejor que perfecto por lo menos a mí me ha ayudado a encontrar un punto en el que lo que sea que esté haciendo tiene que terminar para poder salir a la luz. Si no, se va a quedar para siempre guardado, esperando la perfección que nunca llegará.

No creo que para ver películas te haya tocado utilizar el servicio de renta de discos que te enviaban por correo postal con el que empezó Netflix en 2001. Ni siquiera estaba disponible en Latinoamérica. Por lo menos yo lo conocí hasta que aparecía en todas las noticias y ya era un servicio popular y exitoso de *streaming*. Para eso pasaron casi 10 años en los que estuvieron probando mejores y diferentes maneras en que los espectadores pudiéramos rentar películas con una mejor experiencia.

Y te apuesto a que conociste Facebook cuando ya tenía una aplicación muy parecida a la que usas actualmente y no te tocó conocer sus más de 10 versiones anteriores. Al principio incluso solo era una página en la que comparabas dos fotos y votabas por la más atractiva. De hecho (y me da pena aceptarlo), a mí sí me tocó usar una versión de Facebook en la que ni siquiera existían los *likes*.

El primer iPhone ni siquiera tenía una App Store, Coca-Cola al principio era una medicina, y así podemos irnos con todos los ejemplos en cualquier industria y en cualquier tipo de arte. Nadie exitoso se esperó a tener algo perfecto para lanzarlo al mundo. Entonces, tú tampoco deberías de hacerlo.

Lo más fácil para mejorar la creatividad de cualquier persona sería mudarse a las ciudades con las comunidades más creativas en el mundo, como París, Nueva York o Roma. Porque claro que a pesar de todo existen esos *spots* que desbordan creatividad e ideas. Yo mismo lo he sentido.

Antes de llegar a Polonia para mi intercambio, y apretando mis gastos lo más que pude, visité Edimburgo. Me sentía como en un sueño. La ciudad está llena de castillos, escuelas y cementerios. Lo que más quería visitar era un lugar en específico: The Elephant House, el café en donde J. K. Rowling escribió el primer libro de *Harry Potter*. En modo "fan intenso", visité varias veces el lugar hasta que la mesa que ella usaba estuvo disponible.

En sus entrevistas, ha contado que cuando se quedaba sin ideas, solo salía algunos minutos a caminar. Y yo también lo hice. Al lado del café había un cementerio, y enfrente una universidad con un castillo y cuatro torres. No es difícil reconocer de dónde salían las ideas para su historia. Si ella hubiera nacido en otro país, no hubiera tenido toda esa influencia. Fue un gran recordatorio de cómo tu ambiente y de lo que te rodeas define lo que puedes crear.

En París hice el mismo recorrido de lugares que hace Robert Langdon en *El código Da Vinci*. Ahí es fácil entender cómo Dan Brown se inspiró para crear tantas conspiraciones e historias alrededor del lugar y del arte presente en la ciudad.

Lo emocionante es que la creatividad y las buenas ideas también llegan en lugares inesperados. No tienes que viajar o mudarte de ciudad para tener ideas. Todo empieza aceptando que ya tienes un ambiente que te rodea, el cual puedes aprovechar.

Si algo tienen en común las personas más creativas que conocemos es que se dedicaron a hacer lo que podían, con lo que tenían, en el lugar en el que estaban.

"¿Esto que estoy a punto de publicar les va a gustar a las personas que lo vean?" Siempre está esa pregunta presente.

Hay días muy buenos en los que tienes muchos comentarios, *likes* y reacciones. Se siente increíble. Es como si fuera una señal de que estás haciendo bien tu trabajo, te sube la confianza. Hay días en los que no. Lo que trato de hacer es recordarme que no pasa nada y que tengo muchas otras oportunidades para hacerlo mejor. Pero sí pega.

En Netflix, Amazon Prime o en cualquier plataforma de *streaming* hay documentales que muestran cómo incluso los más grandes creadores de contenido se siguen preocupando por qué tan exitoso es un video o una foto. Y tratan de mejorar constantemente. Pero, como todo llevado a un extremo, se rompe.

En 2017 hubo una gran manifestación digital de youtubers exponiendo cómo estaban en un estado de agotamiento físico, mental y emocional. Acusaban que no podían tomarse vacaciones, y que su vida consistía en estar grabando y editando para poder cumplir con las exigencias de la plataforma en calidad, constancia y cantidad de contenido. Después de que muchos famosos internacionales se unieron a la campaña, Google y YouTube anunciaron que estaban modificando sus algoritmos para prevenir eso.

Esto no solo les pasa a los creadores. Una de las más recientes filtraciones de Facebook fue un reporte que reveló que ya tienen estudios psicológicos internos en los que están al tanto de la manera en cómo los *likes*, y en específico plataformas muy visuales como Instagram, están afectando nuestra salud mental.

Muy probablemente en el futuro haya muchos más estudios psicológicos de cómo las redes sociales están haciendo que cambiemos nuestros comportamientos.

En mi caso, estoy consciente de que cada vez hay más personas que están empezando a crear contenido de todo tipo. Así que sé que cada día hay más personas con las cuales compartir esas experiencias.

El mundo cambió muy rápido desde que me gradué. En ese entonces éramos simplemente *influencers*. Es impresionante cómo ahora incluso las plataformas digitales están cambiando sus términos y condiciones legales para referirse a las personas como "creadores".

Y ahora, en el mundo de los negocios, está empezando a surgir el término "economía de los creadores". Los inversionistas de *startups* más importantes y empresas gigantes ya se dieron cuenta de que el mundo está cambiando, y que precisamente se está desarrollando esa economía entre las personas que traspasan su pasión a internet.

Ahora, ya con una economía propia y con tecnología extendiéndose cada vez más rápido, como los NFT, sé que todo irá cambiando mucho más rápido.

Lo que jamás va a cambiar es la importancia de poder comunicar tus ideas. Ya sea de forma escrita, verbal o visual.

En la empresa Amazon, por ejemplo, es bien sabido que están prohibidas las presentaciones de Power Point. En lugar de eso, les piden a todos los trabajadores que presenten sus ideas en memos, que son escritos ejecutivos.

Al final, todos somos *storytellers* porque todos tenemos nuestra propia vida y nuestra propia historia que asumir y contar.

Esta podría ser una opinión poco popular, pero si alguien pasa horas, todos los días, viendo series y películas en Netflix, ¡esa persona debería hacer series y películas! Así como yo aprendí a escribir leyendo, muchas personas aprenden a emprender trabajando.

Definitivamente si alguien aquí siente que su trabajo es demasiado aburrido, esta es la mejor época en la que pudimos haber nacido. Ya no es una simple frase en los discursos de los políticos diciendo: "El trabajo va a ser diferente en el futuro". Ya lo es.

Jeff Bezos, fundador de Amazon, sigue diciendo hoy en día que seguimos estando en el "día uno del *e-commerce*", refiriéndose a todo lo que falta por descubrir y crecer. Lo mismo pienso yo de la creatividad y los creadores. Estamos apenas en el día uno. Así que, si alguien estaba esperando un buen momento para empezar a practicar su pasión, este es.

Cada vez que en mi casa celebraba un nuevo video viral, o cada vez que alcanzaba una meta más de personas en mi comunidad, mi papá siempre me decía lo mismo: "Ah, qué bien. ¿Y te pagan?".

Temas difíciles. Pero no me da miedo ni pena hablar sobre ello. Me gusta ser transparente.

Hasta este momento TikTok en México, a diferencia de YouTube, aún no tiene la modalidad de pago por reproducciones de video. Tampoco Instagram. Yo lo sabía desde un inicio.

Mi apuesta, desde el principio, siempre ha sido utilizar las redes sociales para impulsar mis otros proyectos. También tenía muy presente que, en mi caso, no buscaba tener grandes cantidades de colaboraciones con marcas. No quería que mi modelo de negocios fuera tener que anunciar 10 o 20 marcas en un solo día. Si llegaba a tener ese tipo de colaboraciones para generar ingresos, quería que fueran pocas, pero auténticas, y con marcas con las que de verdad me identificara.

Aunque no encontraba las palabras para explicarle a mi papá que no ganaba nada por la cantidad de reproducciones o de seguidores, y se tardó en ver los resultados, yo sabía que tarde o temprano serviría de algo.

Algo que también supe desde el inicio es que tenía que encontrar la manera de monetizar mi contenido, es decir, generar ingresos. No quería que me pasara como a otras personas que tenían que abandonar su arte o sus redes porque nunca supieron cómo ganar dinero.

Yo sabía que se podía lograr monetizar por medio de cursos, productos, marcas y empresas propias, eventos, y ahora hasta con tu propia cripto o con tus propios NFT utilizando *blockchain*.

Pero escuchar esa pregunta de mi papá tantas veces seguidas me sirvió de presión para demostrarle a él, a mi familia y a mí, que sí valía la pena el tiempo que le estaba dedicando y que sí se podía monetizar mi contenido.

Primero empecé haciendo algunos experimentos. Ya tenía grabados algunos pódcast, así que decidí hablar sobre ellos en algunos videos. Sin saber si iba a funcionar, al día siguiente vi que aparecía en el listado que realiza Spotify de los pódcast de negocios más escuchados y en el número dos en la lista de tendencias en México. Nunca le conté a nadie, pero varios meses antes había pensado cancelar el pódcast porque muy pocas personas lo escuchaban. Ahora, gracias a un video viral, era todo lo contrario.

Fue la primera vez que vi con mis propios ojos el potencial de la viralidad.

En mi segundo experimento recomendé mi primer libro. El resultado fue que tuvo un pico de ventas y nuevamente llegó a la lista de los más vendidos en Amazon.

Para el tercer experimento hice algo a partir de cero. Desde el día en que me inscribí a la universidad soñaba con dar mi discurso de graduación. Durante todos esos semestres, varias veces llegué a practicarlo en la regadera. Pero, como ya te conté al inicio, precisamente con mi generación decidieron que sería un invitado especial y no un alumno el que lo diera.

Durante esos días, que estaba experimentando con TikTok, como estábamos en la época de graduaciones, y para no quedarme con las ganas, decidí hacer algo al respecto. Tomé una libreta amarilla y me puse a escribir el discurso que tanto me hubiera gustado dar. Me sentía como Obama escribiendo su discurso anual a la nación. Después de casi una semana de revisiones y ensayos agarré un micrófono, armé un miniestudio de grabación en mi clóset, me puse mi mejor traje, me imaginé un auditorio enorme y grabé el discurso que siempre había querido dar.

Lo anuncié en un video y hasta hoy es uno de los episodios más escuchados de mi pódcast.

Se sintió extremadamente bien tachar algo de la lista de cosas que siempre había querido hacer.

Y ya tenía en mente cuál sería el cuarto experimento. La gran prueba final. By the land seguía como antes, creciendo en ventas y en usuarios, pero muy lento. Más de lo que me gusta soportar. Así que el cuarto experimento sería hacer que mi empresa generara una gran cantidad de ingresos.

Había visto muchos videos, la mayoría de cuentas y emprendedores de otros países, que se hacían virales y recibían miles de órdenes de un día a otro en sus empresas. Moría y soñaba con que nos pasara lo mismo. Cada que veía uno de esos videos lo guardaba. Sabía que me servirían para visualizar y atraer lo mismo, siguiendo la ley de la atracción.

El primer intento haciendo un video de By the land no funcionó. El segundo tampoco. Ni el tercero ni el cuarto ni el quinto.

Y eso me empezó a preocupar y a desanimar un poco.

7

QUÉ ME ESTOY PERDIENDO

Parecía que eran los mejores días. Kira saboreando un hueso de un pedazo de carne que recién habíamos cortado. Mi papá en el asador. Mi mamá, mis hermanas y yo terminando algunas cosas en la mesa. Todos platicando, riéndonos y comiendo. Era otra de esas noches que hacíamos cenas familiares.

Me la pasaba muy bien. Aun así, me apuré y subí temprano a mi cuarto. Tenía que trabajar. En mi lista de cosas que quería terminar ese día estaba escribir para mi *newsletter*, acabar un artículo que llevaba más de una semana o dos esperando para mi blog, subir *stories* inspiradoras y grabar los TikToks del día. Como era domingo, también me faltaba preparar mi semana estableciendo lo que quería lograr en mi empresa y revisar si tenía eventos o pláticas.

Abrí mi computadora, saqué mi cuaderno y mis notas, y abrí las ventanas de todo lo que tenía pendiente. Pero igual que como me había sentido por varios días, no tenía nada de energía. Mucho menos inspiración. No quería hacer nada.

Por primera vez desde que había empezado mi camino en redes sociales un año y medio atrás, llevaba un par de días sin publicar nada. Desaparecí. Incluso de TikTok, después de prometerme que no fallaría ni un día.

Me sentía extraño, como si algo me faltara, pero no sabía qué. Y no poder hacer mi trabajo me causaba más dudas, más estrés y más desesperación.

¿Cómo llegué ahí si todo iba tan bien?

Seguíamos encerrados y sin poder salir, pero yo sabía que no era eso. Empezando por lo que más me importaba: hacer que mi empresa creciera. Pero aún y con toda nuestra organización, juntas diarias y cada idea nueva que llevábamos a cabo, parecía no funcionar.

Ya había logrado que mi pódcast, mi libro y muchos videos llegaran a ser virales y a estar entre los mejores números. Cuando decidí encargarme de que haría lo mismo con mi empresa, y no lo lograba por más que intentaba, me empecé a frustrar.

Buscando distraerme entré a Twitter, luego a Instagram, Facebook, YouTube y TikTok. Aunque eso lo empeoraba todo cada vez que lo hacía.

Veía muchas celebraciones y logros de otras personas. Youtubers famosos estaban estrenando documentales originales. Había empresarios mexicanos y latinos celebrando que acababan de alcanzar valuaciones de miles de millones de dólares con sus *startups*. Conocidos en San Francisco recibiendo sus primeros cheques de inversión para sus empresas. Otro grupo de creadores estaba festejando que aparecerían en las campañas de una marca de ropa alrededor de todo el país. Otros estaban celebrando sus apariciones en series de Netflix. Una amiga recibiendo su placa de varios millones de seguidores. La futura esposa de un gobernador grabando los cientos de paquetes que enviaba de su propia marca. E incluso personas que no conocía, pero que seguía, estaban teniendo éxitos sorprendentemente grandes.

No era envidia. Me daba una alegría enorme y mucho orgullo ver a cada uno de ellos cumplir sus metas. Como ya lo había aprendido, los admiraba positivamente.

Pero eso no evitaba que me hiciera las inevitables preguntas: "¿Por qué yo no puedo? ¿Por qué mi empresa no puede ser exitosa como las que he visto en cientos de videos?". Mi mente daba miles de vueltas buscando respuesta a esas preguntas que me hacía. Incluso empecé a cuestionarme los logros que ya había tenido y si eran lo suficientemente buenos como aquellos que estaban teniendo los demás.

Por un lado sentía que estaba haciendo lo que siempre había querido hacer. Ya había lanzado mi empresa, que era lo que más quería. Y estaban creciendo las personas que veían mi contenido. Pero también me estaba desesperando. Nadie tiene éxito de la noche a la mañana. Lo entendía a la perfección, aunque estaba tardando demasiado en llegar. Ya teníamos un equipo pequeño, pero aún no era ni por poco el lugar al que quería llegar. Aunque las ventas iban subiendo progresivamente, para mi parecer todo iba muy lento.

Puse música aleatoria en Spotify y la primera canción que escuché fue "Hallelujah" de Leonard Cohen. Un clásico. Perfecto para el momento.

> Hice mi mejor esfuerzo. Ahora sé que no fue suficiente.
> Y aunque todo salió mal, me presentaré con nada más que un *Hallelujah*.

Las mañanas en las que me levantaba temprano se acabaron. Ponía pódcast pero ni siquiera los escuchaba y no me hacía sentido nada de lo que recomendaban. Reproducía mis *playlists* y *soundtracks* favoritos, pero ya no me inspiraban.

¿Dónde estaba mi resiliencia? No sabía por qué no podía simplemente mantenerme positivo y seguir adelante como toda mi vida lo he hecho.

No había pasado ni un solo día sin sentirme invencible. Siempre con ideas, con energía, con mucho por hacer. Y cumpliendo lo que me proponía cada día. Pero como todo, la energía se acaba. La motivación y emoción de lo desconocido, y la adrenalina para sacar adelante un proyecto, se terminaron. Y la racha de éxitos en internet pasó. También el propósito. Cada día se sentía pesado y como parte de una rutina aburrida.

No podía quedarme con los brazos cruzados. Hacer algo por ti debería de ser el trabajo más emocionante de tu vida.

No quería volver a empezar otra semana sintiéndome así otra vez. Lo primero que se me ocurrió fue irme directo a Amazon. Busqué entre los títulos que aparecían y pedí *Libera tu magia,* de Elizabeth Gilbert. Ya lo había escuchado tiempo antes, e incluso una vez lo empecé a leer, pero no me atrapó. Ahora, algo me decía que era el libro correcto. También pedí un ejemplar de *Vendes o vendes*, de Grant Cardone. Esos títulos reflejaban lo que no había podido poner en palabras sobre qué quería y cómo me sentía. Hay una frase que dice que si aprendes a leer libros, serás muy inteligente, pero si aprendes a leerte a ti mismo, serás imparable. Ubicar esos libros fue mi manera de hacerlo.

Mientras llegaban, al menos ahora tenía la esperanza de que tal vez ahí encontraría las respuestas que tanto estaba buscando.

Sin nada más que me interesara hacer, me puse a limpiar y ordenar mi cuarto. Eso al menos hace que tengas un pequeño instante de satisfacción y menos estrés. Tendí mi cama, saqué de mi clóset ropa que ya no quería y fui por un bote de basura para tirar papeles que ya no me servían.

Varias horas después, mientras clasificaba papeles, encontré una carpeta y me asusté al verla.

"No puede ser."

Era el plan de 18 meses que había hecho después de graduarme. Me había olvidado completamente de él.

Lo abrí y me sorprendí. La mayoría de las cosas las había logrado. Eso me sacó una sonrisa. Pero pasó algo más importante. Caí en la cuenta de que, si comparaba las fechas, precisamente ya había terminado ese periodo de 18 meses. De repente todo me hizo sentido. Fue como si mi mente cambiara de caja o de compartimento.

Ahí descubrí que no estaba triste, ni desanimado, ni había perdido mi resiliencia ni mi coraje. Lo que estaba pasando era que había cumplido mi plan. Y ahora, como no tenía uno nuevo, iba sin rumbo y sin un propósito, como si solamente me estuviera dejando llevar. Y eso jamás me ha gustado.

Estaba solo en mi cuarto, pero sé que mi cara era de absoluta sorpresa. Cómo algo tan simple como no tener un plan había afectado la mayoría de los aspectos de mi vida. No obstante, me hacía completo sentido. En ese instante me prometí jamás volver a olvidarlo.

Así que ya tenía algo por hacer que sí me emocionaba y me interesaba terminar esa misma noche: mi plan para el siguiente año y medio, como lo había hecho un año y medio atrás. Lo hice pensando en lo que más encendía mi alma y en lo siguiente que quería para mi vida.

No es fácil. Nadie en el mundo nace con planes para el resto de su vida. Me quedé pensando que probablemente de eso se iba a tratar la mía de ahí en adelante, de hacer constantemente planes nuevos que me emocionaran, una y otra vez.

Hay algo que admiro de algunas personas: su capacidad de reinventarse y de cambiar radicalmente sin miedo. Por ejemplo, me inspira ver cómo los Obama se retiraron a sus 50 años e hicieron algo inesperado. En lugar de seguir un camino político, fundaron una casa productora para contar historias inspiradoras e inculcar un cambio por medio de películas y series en Netflix. Nancy Pelosi, a sus 77 años, está más activa que nunca en el Congreso. Hillary Clinton, después de perder, lanzó su pódcast, produjo un documental, ha escrito libros de ficción para niños y ahora también se convirtió en productora para Apple TV. Así que nunca debería de darnos miedo volver a preguntarnos ¿y ahora qué? No importa quién seas ni cuántos años tengas.

Ya habían pasado siete meses desde que estábamos todos trabajando desde casa. La verdad es que para ese entonces muchos cafés y restaurantes habían vuelto a abrir, lo que significaba que no nada más pasaba tiempo en mi casa. Pero ya estaba harto. Necesitaba un cambio de ambiente. Y, sobre todo, poder hablar con personas reales.

Mi mente estaba hambrienta de ideas y de conexiones. No quería sacar esas nuevas ideas viendo videos o leyendo artículos. Eso lo he hecho siempre. Necesitaba algo nuevo. Sentía como una ambición diferente de crear conexiones a base de otras conexiones con personas reales.

También moría de ganas de poder platicar con personas que me entendieran. Obviamente tenía que haber miles de emprendedores, gente dedicada a hacer contenido y personas creativas con las cuales pudiera hablar de todo lo que estaba pasando y de cómo me sentía. Me darían consejos y yo a ellas.

Por eso decidí viajar a la capital de México. La ciudad en donde todos encuentran lo que buscan y en donde los sueños se hacen realidad. No lo pensé dos veces. Vi cuánto tenía de presupuesto. Financieramente no estaba al cien, pero sabía que la pequeña inversión que tenía que hacer valdría la pena. Como cuando decides tomar un curso o un taller y tienes que pagar para entrar; tarde o temprano dará sus resultados. Aparte soy de los que creen que cuando estás pensando algo una y otra vez, tienes que dar el paso y hacerlo. Afortunadamente no había estado gastando mucho durante los últimos meses, así que esa misma noche compré mi vuelo. Me quedaban tres días para dejar todo listo. Volaba el miércoles.

Empecé a preparar mis cosas.

Al día siguiente les avisé a todos en mi casa que me iría algunas semanas, y cuando salí al jardín vi que Kira tenía los ojos rojos. Casi no se movía. Definitivamente no se sentía bien. Corrí y la subí a mi carro.

Llegamos al veterinario, nos bajamos y entramos. Mientras nos atendían, se veía más animada. Eso me calmó un poco. Cuando fue nuestro turno, el veterinario la subió a una mesa de acero para inspeccionarla mientras yo le contaba lo que había pasado.

No había pasado ni un minuto desde que el veterinario la empezó a revisar cuando ya me estaba explicando qué era. Le había salido un tumor en la mandíbula. Me dijo que no tenía cura, que el cáncer en los perritos avanza extremadamente rápido y que a Kira le quedaban solo algunos días de vida. De hecho, me dijo que él, como especialista, recomendaba que la lleváramos ahí con él la siguiente semana para ponerle una inyección letal y que no sufriera más.

Para mí la explicación fue muy rápida. Todo pasó en segundos. Le hice algunas preguntas, le di las gracias, esperé a que me dieran algunas pastillas para el dolor, pagué y salí. No había asimilado nada.

Abrí la puerta. Kira se subió al carro. Luego yo. Cerré la puerta. Me asomé al espejo para verla. En ese momento, de un segundo a otro, lloré como nunca lo había hecho en toda mi vida. No lo podía creer. Era mi amiga. Me había acompañado desde que estaba en mis últimos semestres, en la graduación, mientras escribía y emprendía. Cuando regresaba en las noches me quedaba con ella como si le platicara todo mi día y mis problemas. Y se suponía que estaría conmigo mínimo 10 o 15 años más.

Mientras yo lloraba, me veía y se me acercaba. Se veía desanimada, pero al mismo tiempo con la mirada de siempre, agradecida desde que la adoptamos. Me daba su patita como si me tratara de decir que todo iba a estar bien. Aunque no fuera cierto.

Me la pasé leyendo artículos y publicaciones de cómo se debe de llevar a cabo un proceso semejante. Algo que me quedaba muy claro era que, pasara lo que pasara, tenía que estar con ella en el momento en que el veterinario practicara la eutanasia. Hay un blog en que un veterinario cuenta cómo es muy triste que muchos perritos pasan esos últimos minutos solos y asustados simplemente porque sus dueños no quisieron pasar por ese duro momento. El artículo pedía a todos los dueños que, aunque fuera algo difícil, estuvieran a un lado de sus perritos cuando les aplicara la inyección final, que lo contemplaran como si fuera un pago por todos los momentos buenos que habían tenido juntos.

Había visto algunos videos en internet de cómo son los últimos días de los perritos que tristemente tienen que poner a dormir porque su calidad de vida ya no es digna. Hay uno en especial que me conmueve mucho en el que toda la familia se levanta temprano para juntos hacer el día más feliz de su perrito. Primero juegan todos en el jardín, después se suben al carro y lo llevan por un combo de McDonald's. Luego lo llevan a un parque en donde corre por última vez y se deja acariciar por niños desconocidos. Fue como el día de su mayor alegría. Al final llegó una veterinaria a la casa, y en el jardín, todos juntos en familia, alrededor del perrito para que no se asustara, lo inyectaron y empezaron a despedirse. Y se ve cómo se va quedando sin energía poco a poco hasta que se acomoda arriba de la pierna de una de las niñas y le da su patita. Finalmente cierra los ojos.

Así es como imaginaba y quería que fuera el último día de Kira.

Afortunadamente, mejoró mucho con las medicinas que le recetaron, y pedimos más opiniones y revisiones a otros veterinarios.

Mi instinto optimista me ayudó a creer y estar seguro de que todo iba a salir bien. Que Kira se iba a recuperar, que la volvería a ver y que llegaría después de mi viaje para despedirme y darle ese mejor último día de su vida.

El día que tenía que volar estuve casi dos horas enteras con ella antes de salir de mi casa. Era como si le estuviera contando todo lo que iba a hacer durante el viaje. Siempre me imaginaba que me entendía. Me despedí también de mis papás y de mis dos hermanas, y me fui directo al aeropuerto con mi mochila y mi maleta azul que me acompaña a todos mis viajes. No importa si es para dos o tres meses, o una semana, sé que no necesito más de lo que cabe en mi pequeña *carry-on*.

Llegué con muchas horas de anticipación al aeropuerto porque durante el día tenía que conectarme a diferentes juntas. Y para no estar corriendo, preferí llegar temprano, encontrar un lugar en un buen café de la terminal, y desde ahí conectarme a mis videollamadas y avanzar en mis pendientes. Tenía muy claro que no eran vacaciones (ni tenía ganas de que lo fueran).

Tratando de aprovechar los tiempos muertos, durante el vuelo leí *Mide lo que importa* de John Doerr, que trata sobre uno de los métodos de organización que utilizan en empresas como Google llamado OKR. Aún éramos un equipo muy pequeño en mi empresa como para aplicarlo, y con muy pocas ventas, pero sabía que pronto iba a cambiar. Estaba decidido a eso.

Antes de aterrizar me puse a hacer algunas notas personales sobre cosas que iba pensando.

"En lo que te concentras, es lo que crece."

Aunque seguía teniendo muchas juntas rutinarias de mi empresa a diario, y sí me preocupaba para que crecieran las ventas e hiciéramos mejores estrategias, durante los últimos meses mi emoción y mi dedicación creativa habían estado depositadas en crecer mis redes sociales y mis proyectos creativos, como el pódcast. Por eso habían crecido. Ahora, aunque no tenía mi nuevo plan hecho, sí sabía que mi energía iba a estar en hacer crecer mi empresa.

Solo había estado en la Ciudad de México tres veces. Dos mientras trabajaba con el alcalde de mi ciudad, con una agenda muy intensa planeada minuto a minuto en la que visité el Congreso y diferentes oficinas de gobierno distribuidas, sin un segundo libre. Y durante unas vacaciones de verano cuando estaba en secundaria. Mi abuelita Isa, la mamá de mi mamá, nos llevó a mí y a mi hermana con ella a visitar a su familia. En esa ocasión me la pasé más leyendo que disfrutando y conociendo la ciudad.

Ninguna de esas veces que visité la Ciudad de México ubiqué en dónde estábamos, ni qué otras actividades podía hacer. Ahora era la oportunidad de explorar todo lo que tuviera el potencial de darme ideas o desarrollar mi mente de negocios.

Apenas aterricé, compré una libreta nueva. Cuando llegué al departamento que me prestaron mis primos lo primero que hice fue empezar a organizar los lugares y las experiencias que quería tener. Busqué los *coworks* con los mejores ambientes, los cafés con las vistas más inspiradoras, los museos que no me podía perder, las áreas de la ciudad más artísticas, las zonas de negocios y también los puntos turísticos.

El primer lugar que visité fue un *cowork* en la Roma, una de las colonias más vivas y llenas de restaurantes, bares, tiendas y galerías. La arquitectura de la mayoría de las construcciones ahí son estilo neoclásico de la época del porfiriato, cuando apenas comenzaba el siglo XX.

Aunque por fuera el *cowork* al que llegué se veía clásico y pequeño, por dentro era enorme y moderno. No es como en una película, que llegas a un lugar y automáticamente todos los que están sentados trabajando se paran para saludarte y presentarse. Cada quien está en sus asuntos y en su mundo. Obvio.

Lo digo porque... es extraño. Me encanta hablar en público, me llena de energía pensar en dar una conferencia frente a una enorme audiencia, me emocionan las entrevistas y cualquier tipo de presentación, debate o lo que sea. En pocas palabras, me considero una persona profesionalmente extrovertida. Pero cuando se trata de llegar a lugares en los que hay personas que no conozco y que tampoco me conocen, sale mi lado introvertido.

En situaciones como esas mi mente se pone a pensar cómo saludar, cómo presentarme, qué temas tocar, cómo moverme, qué decir. Y no se me da eso a lo que le llaman *small talk*. Al contrario, me tengo que esforzar, y al final de cualquier plática me quedo pensando en lo que dije y si estuvo bien o mal.

Para mí es mucho más fácil sentarme a platicar con personas con las que ya he tenido una conversación antes, aunque sea por mensaje, o simplemente con personas con las que tengo algún tema de interés en común.

Pero si quiero hacer nuevas conexiones sé que tengo que sacarme constantemente de mi zona de confort, y eso requiere ese pequeño extra de energía e incomodidad de mi parte. Pero está bien. En la zona de confort nunca pasan cosas bonitas.

Me senté, acomodé mis cosas, saqué mi computadora y, antes de abrirla, me propuse cumplir mi propósito.

Varios días antes ya sabía a lo que me iba a enfrentar y que iba a sentir esa preocupación en el instante en el que llegara a esos lugares. Por eso en Twitter había guardado una frase que me ayudaría justo en ese momento. Volteé a ver a todas las personas que estaban ahí sentadas, agarré mi celular y la leí: "Despiértate como si fuera tu primer día en la ciudad y no conocieras ni un alma. Haz relaciones, amistades y negocios de manera rápida. Mantén una curiosidad constantemente en las personas y en cada esquina. Actúa como si tu vida dependiera de eso. Tu vida depende de eso".

"Hola", le dije a la persona que tenía al lado. Me costó toda la energía del mundo. Lo que siguió fue lo más fácil y sencillo, como una conversación cualquiera, a la que después se le sumaron las otras personas que estaban en la mesa. Algunos eran de otros países, algunos profesionistas en empresas multinacionales y otros con sus emprendimientos. Había ratos que volvíamos a lo que cada quien estaba haciendo en su computadora y luego retomábamos la plática. Así siguió, como si fuera lo más normal del mundo. Y yo cada vez estaba más confiado de mí mismo y a gusto.

Ser introvertido no significa que tengas la excusa perfecta para jamás hablar con personas que no conoces. Significa que la mayoría de las veces obtienes energía estando solo y no rodeado de tantas personas. Como aprendí en un blog llamado *MindCafe*, solamente tenemos que aprender a mejorar nuestras habilidades sociales en persona. Y eso no tiene nada de malo.

Muy contento, y varias horas después, salí y seguí caminando para ver qué más me encontraba. Cuando apenas había avanzado unas cuantas cuadras, vi que alguien me estaba saludando a lo lejos. Yo no llevaba los lentes puestos, entonces hasta que estuve más cerca vi que era Héctor de la Hoya, mejor conocido como Benshorts. Fue una muy buena coincidencia. Llevábamos meses hablando y compartiéndonos consejos, pero por una u otra cosa no habíamos podido juntarnos. Ese día, más tarde, fuimos por un café y terminamos el día con una muy buena plática. Aunque tenía poco tiempo de conocerlo, me sentía muy en confianza contándole mis planes, pero también mis problemas. Él ya tenía mucha más experiencia en el mundo del internet, así que sabía que me entendía a la perfección.

Mi primer día había sido todo un éxito.

Las siguientes semanas las llené de actividades. Tenía mi calendario saturado, pero quería aprovechar al máximo que estaba ahí. Además, ya llevaba mucho tiempo encerrado y ahora estaba en una ciudad con miles de actividades, con una infinidad de personas que conocer y una lista enorme de personas que había conocido en internet y que ahora vería por fin en persona. Como Leo Vilchis, que está creando una comunidad y una plataforma alrededor del mundo de las finanzas y las inversiones llamada Bullground; a Patricio Madrazo, que lanzó Cien Potencia; Adolfo Ferrer, que fundó una escuela innovadora llamada Liks.Co, la cual fue catalogada como uno de los mejores lugares para aprender, y Pamela Valdés, que fundó una empresa de audiolibros llamada Beek apoyada por Y Combinator y la Peter Fellowship. También vi a Alejandro López, mi amigo que me convenció de empezar en TikTok. Aunque Zoom nos ha ayudado a poder hablar sin importar las distancias, nada se compara con hacerlo en persona, con una rica comida o cena.

Con cada uno de ellos aprendí muchísimo de negocios, de sus historias, de sus filosofías, de su manera de hacer las cosas y de todo lo que les emociona hacer.

Me quedó claro que si te rodeas de personas que son luz, lo ves todo más claro.

Tiempo atrás había estado preocupado porque sentía que no tenía amigos que estuvieran emprendiendo y de los que pudiera aprender y pedirles consejos. Tampoco tenía amigos escritores, artistas o que se dedicaran a crear contenido. Ahora los tenía a ellos, y a muchos más. Confirmé que, efectivamente, cuando empiezas a hacer eso que te apasiona y te adentras en ese mundo, aparecen y se empiezan a acercar poco a poco las personas que están en lo mismo. Y se empiezan a crear conexiones increíbles, unos te presentan a otros, tú presentas a alguien más con tal, y todos nos ayudamos los unos a los otros.

Y sí, como dicen, es increíble hacer amigos nuevos porque te llenan de aprendizajes y llenan de energía tu alma.

Después de varias semanas en las que seguí conectando con personas nuevas y empecé a conocer más conceptos de negocios, escuchando diferentes perspectivas y proyectos, estaba recargado y otra vez más conectado que antes con el mundo de las empresas. Además venía un día importante. Teníamos el lanzamiento de un producto nuevo en By the land.

Miércoles. 7 a. m.

Ya teníamos todo listo. Después de unos ricos chilaquiles en el parque La Mexicana y rodeado de una vista increíble, ejecutiva e inspiradora, me fui a sentar al jardín a esperar que fuera mediodía. Después de varias llamadas y mensajes, a esa hora di el último clic. Oficialmente habíamos lanzado un nuevo producto. Teníamos una gran campaña preparada esperando que fuera un éxito.

"Ya veremos", pensé.

No me duró mucho la duda. Varios minutos después me llegó la notificación de la primera venta. Y después otra, y otra, y otra. Dentro de nuestros números hasta ese momento, fue un buen lanzamiento. Ese día rompimos nuestro récord diario. Me sentí muy orgulloso por eso.

Cerré mi laptop, dejé prendidas las notificaciones de las ventas para seguir escuchando ese satisfactorio sonido, me puse mis lentes oscuros y me tumbé en el jardín. Eso era vida. Me imaginé que a eso aspiran todos los que siempre cuentan que sueñan con poner una tienda en línea, para estar en la playa disfrutando con la computadora al lado vendiendo millones de pesos con un solo clic.

Respiré. Me quedé con ganas de hacer yoga ahí, pero no llevaba mi tapete. Agradecí lo que estaba pasando. Hacerlo te abre puertas. Pero también agradecí todo lo que estaba por pasar. Me levanté, me sacudí el pantalón, guardé mis cosas en mi *backpack* y salí caminando del parque.

Busqué la ubicación de la librería más cercana y, aunque hubiera sido más fácil pedir un Uber para llegar más rápido, caminé casi una hora. Era una buena manera de utilizar mi energía. Y como en cada caminata, salieron más ideas.

Cuando estaba eligiendo mi siguiente libro, como siempre lo he dicho, no hay que pensarlo tanto, hay libros que te llaman. Seguro por la emoción que tenía por el lanzamiento del producto, la sección a la que me dirigí directo fue a la de negocios. Estaban los libros que han escrito de Amazon y de Jeff Bezos, los libros de Virgin, de Netflix, de Apple y muchas otras empresas. Pero entre todos me llamó *Nunca pares* de Phil Knight, el fundador de Nike. Pagué y me fui al departamento a leer.

Nunca había escuchado la historia de Phil ni de cómo se creó Nike en los años sesenta, en comparación con las historias de las otras compañías exitosas que siempre tomamos como ejemplo y que todo el mundo cuenta.

Entre más leía, me sentía cada vez más identificado. Y no era un simple libro de negocios. Era una autobiografía escrita de manera filosófica, detallada y realista.

Tuvo una idea después de graduarse, igual que yo. No pidió inversión, igual a como lo decidimos mis socios y yo. Sus ventas crecían de manera muy lenta, igual que las de mi empresa. Y aunque no todos conocen su historia, sí sabemos en qué terminó: en el éxito que tiene hoy.

Me llamó la atención y me gustó cómo se veía a sí mismo: como el responsable de hacer que su empresa creciera. Me di cuenta también de que en el proceso cada vez se enfrentaba a problemas más difíciles y complejos, pero cada vez que los superaba, algo enorme pasaba.

Y aunque cada parte del libro me dejaba con aprendizajes, al final encontré esto: "Les diría a los hombres y mujeres de veintitantos años que no se conformen con un trabajo o una profesión o incluso una carrera. Busquen su llamado. Incluso si no saben lo que eso significa, búsquenlo. Si lo siguen, el cansancio será fácil de soportar, las decepciones serán un combustible, y los logros serán como nada que hayan sentido nunca".

Me convencí de que sí estaba siguiendo mi llamado.

Mi mamá me llamó por teléfono cuando faltaban muy pocos días para mi vuelo de regreso a casa. Estaba llorando. Kira había fallecido esa mañana. Traté de colgar lo más rápido que pude. Y otra vez me puse a llorar.

Me sentí la peor persona por no haber estado en su último día y es algo de lo que siempre me sentiré culpable. De verdad creí que la iba a poder volver a ver. Todos los días preguntaba por ella. Hasta había contemplado comprar un vuelo de regreso antes, pero en mi casa me decían que no era necesario porque la veían muy activa, contenta, comiendo y corriendo adentro de la casa.

Al menos sus últimos minutos los pasó al lado de mi papá, a quien también quería mucho.

Varios días después, el día de mi cumpleaños, tenía mi boleto de regreso. A diferencia del año anterior, no perdí el vuelo.

Cuando llegué a mi casa lo primero que hice fue buscar el collar de Kira. Su medalla con su nombre está y estará siempre en mi librero. Por la amistad y los buenos recuerdos.

8

ESTO LO CAMBIA TODO

By the land, mi empresa, se hizo viral 10 meses después de su lanzamiento.

Hasta ahora han sido los días más emocionantes que he tenido en mi vida. También los que han pasado más rápido. Cada minuto había que tomar decisiones mientras descubríamos nuevos problemas. Haré mi mejor esfuerzo por contarlo todo exactamente como pasó.

22 de enero de 2021.

Había sido un viernes muy tranquilo pero una semana muy cansada.

Acabábamos de terminar una campaña de productividad que nos había tomado tiempo y esfuerzo. Durante las dos o tres juntas diarias con el pequeño equipo que éramos estábamos planeando las siguientes estrategias. En llamadas con mis socios decidimos que contrataríamos a una persona de tiempo completo para empezar a crear videos para la cuenta de la empresa. A mí aún me faltaba una llamada más con un potencial proveedor de logística para terminar el día.

En mi casa prepararon pollo frito; después de comer me quedaban unos 20 minutos libres. En la mañana había guardado cuatro o cinco videos de pequeñas empresas que se habían vuelto virales y aparecían enviando miles de paquetes en sus casas. No quería desperdiciar mi motivación para volver a intentarlo.

Me subí al carro, porque ya se me había hecho costumbre grabar ahí, y empecé. Expliqué algunos de los pros y contras de Infinite, mi producto favorito de By the land para la concentración y el enfoque, y ejemplificaba cómo lo usaban en Silicon Valley. Edité el video lo más rápido que pude porque me tenía que preparar para mi llamada con el potencial proveedor de logística. Lo publiqué sin ponerle tanta atención y sin muchas expectativas.

Terminó la llamada, me quedé unos 15 minutos más en la computadora escribiendo los puntos importantes que habíamos tocado y después de eso acabé oficialmente mi viernes. Me fui directo a mi cuarto, estaba agotado. Muchos dicen que cuando estás creando tu propia empresa tienes que trabajar el doble, lo cual es verdad.

Para distraerme y descansar me puse a ver el segundo capítulo de *Wanda Vision*, que se acababa de estrenar.

Como había puesto mi celular en modo avión, en la noche me quedé dormido sin enterarme de lo que estaba pasando en mi empresa, hasta la mañana siguiente.

En menos de 12 horas el video había alcanzado casi 800 000 reproducciones. El algoritmo hizo su magia. Y no solamente eso, tenía cientos de notificaciones de las órdenes de compra que habíamos recibido a lo largo de toda la noche y parte de esa mañana.

No. Lo. Podía. Creer.

Aparte de los cientos de ventas en tan pocas horas, mis comentarios estaban llenos de preguntas. Había personas de todos los países intentando comprar y mis bandejas de mensajes en todas las redes sociales estaban a reventar.

Me paré brincando de la cama y me fui directo al estudio. El único grupo que tengo en WhatsApp es con Fernando y Maryell. Ya habían mandado mensajes también muy sorprendidos de lo que estaba pasando. Hicimos un plan rápido para ver qué seguía y cómo nos íbamos a organizar para resolver los problemas del momento.

De inmediato, aún en pijama y sin haber desayunado, instalé un chat. Aún no teníamos programador, pero era urgente porque estábamos recibiendo miles de mensajes por todas partes, así sería más fácil llevar un control y contestarles a todos. Entre los tres nos dividimos para hacerlo más rápido. También configuré los envíos internacionales, que antes no teníamos. Al minuto empezaron a llegar pedidos de todos los países.

Varias horas después de estar contestando mensajes tomé un baño lo más rápido que pude, me puse una *hoodie* y me fui a un bar de jugos verdes para desayunar algo saludable. Sabía que venían días emocionantes y quería que mi mente estuviera al cien.

Mientras estaba ahí desayunando, Fernando, Maryell y yo seguíamos hablando por mensajes. Nos dimos cuenta de que nuestro inventario de Infinite ya se había agotado varias horas antes. El problema era que las personas lo seguían comprando porque el sitio web estaba mal configurado (¡sorpresa!). En pánico tuvimos una pequeña lluvia de ideas y decidimos poner un aviso de que estaba fuera de *stock*, pero aun así lo dejamos en modalidad de preventa. Eso hizo que se empezara a vender al doble o al triple de velocidad (¡sorpresa número dos!).

Estábamos preocupados-contentos.

A mediodía, después del shock, empezamos a analizar punto por punto. Aún no sabíamos cómo íbamos a cumplir con esa demanda ni cómo resolveríamos los problemas que estaban surgiendo con el inventario, más todos los otros que nos faltaban por descubrir.

Primero lo primero: cumplir con los envíos, esa era nuestra prioridad. No podíamos cancelar órdenes y regresarles el dinero a todos los clientes, así que lo siguiente que teníamos que hacer era recoger los paquetes de casa de Jacqui, una de las practicantes que se encargaba de los envíos. Obviamente ella sola no podía con esa carga de pedidos. Y como seguíamos cada quien en su casa, no teníamos oficinas ni centro de envíos ni nada por el estilo.

Maryell ofreció su casa, tal vez nunca se imaginó que pasaríamos ahí semanas. Con la ayuda de su papá diseñamos una línea de producción con diferentes estaciones, ocupando su sala, su comedor y parte de su cocina. Prácticamente nos apoderamos de todo el primer piso.

Yo me encargué de imprimir todas las órdenes que habían llegado y de llevar el control de los paquetes. Fue ahí cuando comprendí lo desesperante y manual que era el proceso. Pensaba que con un solo clic podía generar todas las guías de envío para la paquetería, pero tuve que pasar horas cada día tecleando las direcciones prácticamente una por una. La impresora también decidió fallar y eso ocasionó un descontrol total porque no sabía qué hojas sí se habían impreso y cuáles no.

Mientras yo resolvía eso, Fernando, Maryell y su mamá prepararon los pedidos. Cuando estaban a punto de empezar a empacar, ¡otra sorpresa! No teníamos cajas suficientes para los envíos.

No queríamos darles una mala experiencia a los clientes, pero tampoco podíamos esperar una semana o dos en lo que llegaban las nuevas cajas, de modo que tuvimos que improvisar un empaque nuevo. Conseguimos unas cajas parecidas, aunque eran simplemente color cartón y sin nada de nuestra marca impreso. Se nos ocurrió mandar a hacer viniles con una de nuestras frases y nuestro logotipo. Después de que estuvieron listos los viniles, notamos que no pegaban bien. Se tenían que planchar con calor. Así que en la cocina abrimos una nueva estación: planchado de cajas. Todo para que los clientes tuvieran una buena experiencia de marca.

Cuando estábamos a punto de cerrar las cajas, nos percatamos de que no teníamos suficientes *stickers* para cerrarlas ni tarjetas de instrucciones de cada producto.

Cada día, cuando parecía que íbamos avanzando después de resolver un problema, surgía otro que detenía nuevamente el proceso. El papá de Maryell llegaba en las tardes y nos preguntaba: "¿Cuál fue el cuello de botella hoy?". Así se le dice a lo que detiene alguna línea de producción en las industrias. Lo gracioso es que sí, cada día había uno.

Estábamos en problemas, pero problemas muy buenos, de los que a todo tipo de emprendedor le encantaría estar resolviendo.

Cuando llegaba a mi casa por las noches les platicaba a mis papás y a mis hermanas cómo íbamos con las ventas y con los envíos. En mi cuarto, ya solo, era cuando realmente me ponía a pensar sobre todo lo que estaba pasando.

Sé que por fuera puede parecer que siempre estoy muy tranquilo, pero por dentro soy muy acelerado, lo cual hace que normalmente no me detenga a festejar o celebrar algún logro porque ya estoy pensando en ideas y en hacer planes para el siguiente.

Sin embargo, ahora era diferente.

Una de esas noches abrí mi libreta, anoté la fecha y escribí: "Recuerda este momento, porque este momento es tu vida". Y cada vez que me sentaba en mi cama tratando de asimilar que por fin se había cumplido lo que había visualizado y por lo que había trabajado tanto, sonreía y me decía a mí mismo: "Qué increíble".

Una y otra vez repasaba todo lo que había tenido que suceder para poder llegar ahí. Era como si de repente todos los puntos se hubieran unido.

Si volteaba hacia atrás, realmente ya había tenido muchas lecciones y experiencias en mi vida como emprendedor, aunque en pequeña escala.

Yo ya me creía un gánster de los negocios cuando en primero de secundaria empecé a vender sitios web personalizados. Gracias a que me daba una enorme curiosidad cómo se hacían las páginas que visitaba a esa edad, había aprendido con tutoriales a programar.

Desde mis primeros semestres en la carrera, con Manuel, uno de mis mejores amigos, creamos una marca y una empresa que se llamaba Pi Perfect. Hacíamos proyectos digitales desde simples sitios web hasta portales para automatizar procesos. Fue tan exitosa que tuvimos proyectos con marcas locales, nacionales e internacionales, como el Tec de Monterrey, en el que yo era alumno y al mismo tiempo ellos mis clientes, y empresas como Whirlpool y De Acero. Como todo, nos lo tomábamos muy en serio.

En la última plática que tuvimos hablamos sobre algún día rescatar nuestro proyecto, pero ahora bajo el nombre Pi Perfect Studios para hacer producciones de películas o series. Uno nunca sabe, tal vez sí pase.

En sexto semestre me hice socio en la empresa de Jaz, otra amiga. El proyecto eran velas comestibles y la marca Iluminuo. Si alguna vez has utilizado una vela de cumpleaños con un número, imagina que puedes pedir tu deseo, soplarla y comértela. Eran velas de chocolate. Logramos que las aceptaran en 10 diferentes pastelerías, y de hecho se vendían bien. La idea tenía potencial, hubiera sido bueno ir a *Shark Tank*. El fallo ahí fue que los tres socios nos agotamos muy rápido. Cuatro o cinco veces a la semana teníamos que preparar chocolate, moldes y toda la producción en la madrugada, sin dormir nada porque en las mañanas y tardes teníamos clases. Ahora sé que debimos contratar a alguien para que las hiciera y nosotros poder enfocarnos en que se vendieran en miles de lugares más. Lección aprendida.

No me arrepiento de haber emprendido proyectos que fracasaron. Aunque sí, hubiera sido mejor detenerme a pensar y pedir consejos para convertirlos en empresas formales, pensadas y estructuradas para el largo plazo. Pero en ese momento, como estudiante, tomaba las mejores decisiones que podía con lo que sabía.

Además, si no hubiera experimentado, no hubiera llegado al punto en el que estaba. Ni podría aplicar esos aprendizajes y lecciones en By the land. Y vaya que sigo aprendiendo cosas nuevas todos los días.

Otro punto a favor es que, para mi suerte, he podido ver de cerca cómo es tener tu propia empresa. Mientras yo crecía, mi papá empezaba su constructora. Cuando me iba con él por las tardes a su oficina, ponía atención a todo lo que hacía. Recientemente inició otro proyecto de estampado de acero.

Mi abuelo materno inició con la distribución de pinturas para interiores y exteriores en diferentes sucursales y tiendas el año en que yo nací.

Mi abuela paterna, desde que tengo memoria, tiene su propio negocio de decoración, en una oficina que construyó al lado de su casa.

Y mi abuelo paterno tiene su empresa de carga, descarga y almacenamiento de trenes. Y su papá, mi bisabuelo, aunque no llegué a conocerlo, tenía una gran fábrica en donde producía, entre otros productos, bombas de aceite y postes de luz y electricidad para todo el país.

Así que, mientras fui niño, no importaba con quién me tocara pasar las tardes, los fines de semana, mis vacaciones o los días que no tenía clases, siempre visitaba oficinas, ayudaba en algo y me tocaba escuchar pláticas y conversaciones relacionadas con la operación del día a día de un negocio o una empresa.

Eso no significa que alguien que no tenga familiares con negocios o empresas no pueda emprender. Si alguien piensa lo contrario, lo retaría a escuchar la historia de mi abuelo Mario.

A los siete años quedó huérfano y sin familiares que lo cuidaran. No me imagino cómo un niño puede hacerse cargo de sí mismo a esa edad. No tenía ropa, encontraba comida tirada como podía. Y de no tener absolutamente nada, ahora tiene su empresa. Después de no conocer cómo era tener una familia, ahora tiene cuatro hijos y una esposa que lo ha acompañado en todo este camino. Pudo darles estudios, casa y lo básico a sus hijos. Ahora a sus nietos les da todo y tienen oportunidades que ni en sueños él tuvo.

Si algún día inventan una máquina del tiempo me gustaría viajar a esa época para decirle a mi abuelo, a sus siete años, que no se preocupe. Que a pesar del miedo, de los maltratos, del *bullying* y de todos los grandes retos que le faltaban por afrontar, al final lo tendrá todo. En especial una familia, como siempre la quiso. También le diría que, aunque por las condiciones de ese momento parecería imposible, uno de sus nietos iba a crecer, estudiaría en una de las mejores universidades del país, tendría dos intercambios internacionales, una empresa exitosa al igual que él, y un libro en el que iba a contar su historia.

Aunque no existe esa máquina del tiempo, lo sabe ahora y sé que está leyendo esto.

En todos lados me dicen que es una historia poco común, muy extraordinaria.

Yo creo que es lo que necesitamos que empiece a pasar en toda Latinoamérica. Siempre he pensado que algo que no se nos dice tanto a nosotros, y sí en otras culturas, es que deberíamos tomar a nuestra familia y a las generaciones que nos anteceden como plataformas de despegue. O como si fuera una carrera de relevos. Mis abuelos llegaron a un punto; después sus hijos, con más oportunidades, llegaron más lejos; ahora depende de mí y de mis primos llegar todavía más lejos. Y cuando tenga hijos, que también aprovechen para llegar aún más allá.

Varias semanas después, cuando logramos ponernos al corriente y podíamos enviar las órdenes que llegaban el mismo día, empezamos a tener pláticas más serias sobre lo que seguía. Hicimos números, presupuestos y proyecciones. Algo había pasado durante esos días. Nuestra mente se había extendido. Pasamos de pensar en pequeño, limitados por las pocas ventas, a platicar de nuestro plan de crecimiento. Ya veíamos nuevas posibilidades para la empresa que antes no contemplábamos, y eso se sentía increíble.

Los siguientes días fueron de *scouting* para encontrar la oficina perfecta. Queríamos que tuviera diferentes áreas y era importante que estuviera en el primer piso y con acceso fácil para el camión de la paquetería.

El 8 de febrero firmamos el contrato. Ese mismo día fuimos a Costco y compramos mesas, *racks*, anaqueles, sillas y lo básico para poder armar nuestra primera estación de envíos formal. Ya habría tiempo después para comprar muebles *millennials*, equipar las oficinas y nuestra sala de juntas.

Contratamos a Carla, recién graduada y nuestra primera coordinadora de logística, y a una persona para envíos y paquetes. En las mañanas todos tenían que ir a ayudar porque no nos dábamos abasto.

Durante los siguientes seis meses no tuvimos producto en *stock*, pero las personas seguían y seguían comprando. Cada mes teníamos el doble de inventario que el anterior, pero aun así se agotaba en menos de una semana. No sabíamos si estábamos fallando en los cálculos o simplemente era el mercado.

Muy seguramente fuimos los más molestos e intensos con el personal del laboratorio. Les teníamos que insistir cada día y cada hora que nos entregaran los productos lo más rápido posible. Una vez que nos entregaban y ellos creían que ya se habían librado de nosotros, les decíamos que ya habíamos vendido más y que otra vez necesitábamos que se fabricara otro lote. Pero ya teníamos orden en las cajas, en los *stickers* y en todos los suministros que necesitábamos para cumplir con los envíos.

También hicimos mejoras en los procesos. Ahora tenemos la preparación más automatizada. Gracias a una integración de diferentes apps y con la ayuda de DHL, todas las guías de envío se imprimen con un solo clic, incluso las internacionales. Con una nueva impresora especial para guías se imprimen en menos de un minuto, y en *stickers* que se pegan a las cajas. Después, la persona que está armando el paquete escanea el código de barras y en una pantalla aparecen los productos que tiene que incluir ese paquete. El último paso es escanear los productos correctos, si no, suena una alerta. Si todo está correcto, el paquete se marca como enviado y el cliente recibe un aviso.

A diferencia de otras empresas y *startups* que son aplicaciones digitales o SaaS (Software as a Service), que ya están listas por su infraestructura para llegar a tener un usuario, o un millón, de un día para otro y sin problema, nosotros no lo estábamos. Al tener productos físicos que se envían, la capacidad de venta depende de la logística que tengamos. Pero esos días nos aceleraron para crecer y organizarnos mejor.

Cuando tuvimos la logística lista, fuimos notando que teníamos otro problema. Ninguno de los tres era experto en finanzas. Aunque teníamos noción de los números y entendíamos conceptos de negocios, veíamos la cuenta de banco y no sabíamos si realmente podíamos gastar ese dinero o no. Sobre todo, nos empezó a preocupar cuando empezamos a gastar más.

Varios meses antes habíamos tenido una llamada con un posible mentor que sabíamos que necesitábamos, pero en aquel momento aún no lo podíamos pagar; ahora era urgente. Afortunadamente Luis Hoyos, empresario de Querétaro, nos volvió a hacer un espacio para iniciar ahora sí las mentorías. El enfoque sería primero ordenar los números, después los procesos, y al final las funciones y responsabilidades de cada uno de nosotros.

No sé qué hubiéramos hecho sin su ayuda. Semanas después pasamos de no entender cómo funcionaban los estados financieros a tener nuestro propio estado de resultados semanal en donde está categorizada y desglosada nuestra operación. También un documento llamado flujo de efectivo. Nos explicó con detalle cada sección hasta entenderlo a la perfección.

Nos ayudó a establecer cálculos para determinar cuál es la cantidad de inventario que tenemos que solicitar al laboratorio, así como a crear algunos procesos para el equipo.

En cada reunión, además de ver los números y revisarlos, nos aconseja, nos cuestiona, nos hace pensar y en ocasiones nos regaña. Nos ha salvado de muchos errores. Otras veces no le hemos hecho caso y hacemos lo que nos aconseja no hacer. Pero en todas y cada una de esas ocasiones al final nos damos cuenta de que sí tenía razón desde el principio.

Sé que hablo por los tres al decir que estamos muy agradecidos con él porque realmente se interesa en que nos vaya muy bien. Nos da mucho de su tiempo y energía.

Del mismo modo tuvimos que ordenar nuestra contabilidad. Aunque ya teníamos una contadora externa, no fue suficiente. Eran muchos cambios y muy rápidos. Para eso nos ayudó la mejor experta y ninja contable, mi tía Cristy, hermana de mi mamá. Después de un análisis de varias semanas nos pudo aconsejar qué era lo que necesitábamos hacer y pudo ayudarnos con la transición a un grupo más grande de contadores. Diez meses antes también nos había ayudado con un gran análisis para determinar el costo y precio correctos para nuestros productos. En aquella ocasión nos abrió los ojos y nos hizo tomar las mejores decisiones, así que sabíamos que estábamos en buenas manos.

A pesar de que cada vez aparecían nuevas preocupaciones, estaba viviendo el sueño que cualquier emprendedor tiene cuando lanza una *startup* o algún producto. Habíamos pasado de enviar una o dos órdenes diarias a enviar más de 150 al día. Aunque ya lo había experimentado antes con otros proyectos, me volvió a impresionar el poder de las redes sociales. Además, ahora se sentía más real y tangible, no solamente como una mención o lugar en alguna lista o *ranking*. Así que lo que faltara por arreglar, ordenar o aprender, estaba más que dispuesto a hacerlo.

Estábamos cambiando y aprendiendo rápido. Para la siguiente vez estuvimos listos. Porque volvió a suceder.

Otra vez un viernes, en los últimos días de febrero, se me ocurrió grabar un video.

Estábamos a cinco grados, moría de frío y tenía puestos unos jeans negros y una chamarra color entre café y mostaza de peluche. Ahora la vuelvo a ver y no sé por qué la compré, pero tal vez eso hizo el video más llamativo. Grabé, edité y lo subí. En esta ocasión, en lugar de poner el celular en modo avión, me quedé viendo exactamente qué sucedía.

El video pasado, que nos había dado tantas ventas y que nos hizo crecer, había alcanzado 900 000 reproducciones en total; este nuevo video llegó a 13 millones de reproducciones y 1.6 millones de *likes*.

Ahora sí era una completa locura. No sé ni cuántas órdenes llegaban cada minuto.

Un año antes nos habíamos puesto la inalcanzable e imposible meta de llegar a vender un millón de pesos al mes. Habían sido tantos meses de trabajo, tantos intentos, tantas estrategias. Juntas. Decisiones. Y no nada más de nuestra parte, sino de todo un equipo, aunque fuera pequeño.

Unos meses atrás me había estresado y había abandonado mis redes sociales porque no lograba hacer que funcionaran para vender. Ahora coincidió que estábamos en una llamada con Luis cuando teníamos en nuestros celulares y computadoras el conteo en tiempo real de ventas porque estábamos a punto de llegar a la imposible meta.

Vimos pasar los números de 900K a 1M en nada de tiempo.

Ese día, en ese momento, sentí que era el mejor logro que había alcanzado en toda mi vida. Aunque tuviéramos una meta monetaria por alcanzar, para mí nunca se ha tratado del dinero. Algo que lo comprueba es que desde que iniciamos esta empresa nunca hemos sacado un solo peso para mí, ni para ninguno de los tres socios. El 100% de lo que hemos ganado se ha reinvertido en la empresa. Más bien se trata de lo que podemos alcanzar y de lo que podemos crecer. El dinero como un medio, no como propósito.

Ahora que teníamos más recursos, significaba que teníamos más posibilidades para crecer aún más de lo que ya lo estábamos haciendo. Habíamos cumplido una gran meta, pero ahora teníamos puestos los ojos en lo que seguía.

Con nuestros nuevos objetivos volvimos a tener conversaciones sobre lo que era mejor para la empresa. Si bien es cierto que cuando se trata de dinero, en una empresa nunca es suficiente. Por eso entre más crecen, necesitan más inversionistas, más créditos, más herramientas financieras, y cuando ya no hay manera de obtener más fondos, sigue entrar a la bolsa de valores para poder atraer capital público.

Por un lado, sabíamos que era un buen momento para presentarnos ante posibles inversionistas, porque estábamos teniendo muy buenos resultados. Pero nuestro mentor Luis nos aconsejó no hacerlo. A diferencia de muchas otras *startups*, nosotros estábamos construyendo una empresa que ya tenía números verdes y generaba buenos márgenes de ganancias. Así que decidimos no pedir inversión por el momento. Tal vez más adelante lo consideraríamos de nuevo.

Para cumplir nuestra siguiente meta ya teníamos algunas descripciones de nuevas vacantes que queríamos abrir en nuestro equipo.

Empezamos las entrevistas. Cuando estábamos indecisos, lo cual pasó muy seguido, porque había muy buenos perfiles para una misma vacante, aprendimos a guiarnos por su capacidad y experiencia, pero sobre todo por su actitud. "¿Me juntaría con esta persona para hacer un trabajo en equipo?" Esa pregunta siempre nos daba la respuesta de quién era la persona correcta. Y así, poco a poco se fueron uniendo diferentes perfiles, de diferentes ciudades. El *dream team* estaba creciendo.

Desde entonces hemos cambiado la manera de organizarnos más de cuatro o cinco veces. Así son las *startups*. Tienes que ir cambiando rápido y probando cosas que funcionan y descubriendo lo que no. Pasamos de tener dos juntas diarias a un modelo en el que cancelamos todas las juntas y solo enviábamos reportes los viernes. Pasamos por muchas plataformas diferentes para organizarnos mejor. Hemos cambiado el organigrama y los nombres de las áreas en diferentes ocasiones. Cambiamos las metas y los objetivos. Y rediseñamos la dinámica diaria una y otra vez.

Sé que nunca estaremos completos y nunca tendremos la organización perfecta, pero mi trabajo es hacer que cada vez funcionemos mejor. Hace poco escuché decir a Kamala Harris en un discurso la siguiente frase: "No somos perfectos, pero siempre hemos buscado la perfección". Lo quiero aplicar en nuestra cultura. Además, no se contradice con lo que siempre he pensado de que hecho es mejor que perfecto. Se complementan para hacerte ver que siempre debes dar tu mejor esfuerzo. Así que mientras haya ideas y tengamos la valentía y el coraje para hacerlas realidad, significa que tendremos nuevos retos. Logramos resolver los problemas buenos que surgieron al recibir cientos de órdenes. Ahora estaba abierto para resolver los siguientes.

Para estar realmente listo, sabía que no nada más había que cambiar la organización del equipo, también quería recuperar mis buenos hábitos y volver a mejorar mi *mindset*. De Bob Iger y de la mayoría de los CEO importantes he aprendido que tienes que cuidarte y mantener rutinas definidas para poder dar el máximo en lo que haces. Ya lo hacía antes, era cuestión de volver a hacerlo ahora.

Había intentado nuevamente levantarme a las cinco, a las seis y a las siete, pero era como si mi cuerpo se opusiera, y no me gustaba.

Estar todo el día en mi casa sin la posibilidad de ir a gimnasios o a mi estudio de yoga me hizo darme cuenta de que tal vez me ayudaría tener un *5-am-partner*. Alguien que me acompañara y me diera ánimos y yo a él o ella. Así podríamos asegurarnos de que ambos cumpliéramos. Cuando estaba pensando quién podría ser, se me ocurrió algo. No solo podía ser una persona. Si lo hacía de manera inteligente, podían ser cientos.

Sin pensarlo más, compartí en internet los beneficios de despertarse a las cinco de la mañana y un link de registro para cualquiera que quisiera hacerlo conmigo. Ese video también se hizo viral. Comprobé que no era el único batallando con la rutina. Mientras veía la cantidad de usuarios que se estaban inscribiendo, me emocioné porque iba a tener no una, sino muchas personas con las que compartir mi camino creando nuevos hábitos y mejorando como persona.

Juntos formamos mi club de las cinco de la mañana.

9

UN DÍA CREANDO

5 a. m.

Uno de mis asuntos pendientes es mudarme a una ciudad en donde a esa hora ya pueda ver el sol. Tendría las cortinas siempre abiertas para despertar con la luz natural. Las pocas veces que lo he experimentado ha sido una gran diferencia en mis hábitos. Por desgracia en mi ciudad a esa hora la noche sigue en su punto más oscuro, eso hace que levantarse sea una tarea difícil.

Hay estudios científicos y datos que demuestran el impacto negativo para nuestro cerebro cuando decidimos posponer nuestra alarma, pero en esos momentos simplemente parece la mejor idea.

"No lo hagas. Vamos. Por algo planeaste tu día de esta manera. No te falles a ti mismo. No le falles a tu club."

Fue una de las mejores cosas que pude hacer, abrir mi club de las cinco de la mañana. Los días que no podía levantarme, de todas formas lo tenía que hacer. Fallar no era una opción, y eso fue como un pequeño *hack* porque me ayudó a ser constante.

Había días que hacíamos la rutina juntos y otros en los que solamente teníamos que reportarnos a esa hora con fotos y videos de nuestras rutinas. Cada mes publicaba el calendario. Para organizarnos escogí una plataforma llamada Patreon, la cual está hecha para que los creadores, artistas, emprendedores o cualquier persona y profesionista pueda crear su propia comunidad con temas en común. Lo interesante es que esa plataforma está hecha para que los creadores podamos monetizar.

Algo que leí hace poco es que cuando levantas tu cuerpo de la cama, no debes olvidar levantar también tu entusiasmo por vivir un nuevo día.

No importa qué pase, ni cómo esté el clima, soy una persona que no puede vivir sin café por las mañanas. Más que la energía que me puede llegar a dar, disfruto el ritual, desde el olor que sale cuando abres la bolsa de granos, la textura que toma después de molerlos y, por último, escoger la taza perfecta según el ánimo del día. Es como tomar motivación en estado líquido a primera hora. Así que después de haberme levantado, bajo a la cocina y me preparo mi primera taza. Después me concentro en llevar a cabo una de las rutinas que más ha transformado mi vida.

Primero hago 20 minutos de ejercicio, algo rápido pero intenso. El objetivo con esto es que tu cuerpo empiece a sentir el movimiento para que tu mente se despierte y se active. Así evitas pasar horas enteras con la mente lenta y la mirada perdida. Al contrario, te llenas de energía. Yo lo comparo con un pequeño calentamiento antes de empezar un entrenamiento. En mi caso es un calentamiento para empezar el día.

Respiro para recuperar el aliento, tomo agua, y después viene el siguiente bloque de 20 minutos, mi favorito. Para eso abro uno de mis cuadernos especiales y escribo mis páginas de la mañana.

Ahora lo entiendo muy bien después de años practicándolo: sobrepensar las cosas nunca te lleva a nada bueno. De hecho es al revés. En la mente todo siempre se ve más triste, más complicado o más abrumador de lo que en realidad es. Es como si cualquier pequeño pensamiento que tengas, sin cuidado, se fuera transformando poco a poco en una gran bola de nieve que al final acaba tumbándote. ¿El inicio? Puede ser cualquier cosa, desde empezar a imaginarte cómo algo que dijiste en una conversación se pudo haber malinterpretado, estar sobrepensando en lo que alguien trató de decir, en todo lo que pudiste haber dicho pero no dijiste en una discusión o en el porqué de las cosas. También cuando se te ocurre hacer algo, pero en lugar de hacer un plan por escrito te la pasas piense y piense en todo lo que tendrás que hacer. Poner las cosas por escrito siempre da claridad. En mi *journal* le doy claridad a mi mente.

Esta práctica se llama *journaling*, lo cual no es lo mismo que un diario. La diferencia es que, en lugar de contar qué pasó en tu día, te haces preguntas específicas para saber cómo te sientes, qué quieres, qué ideas has tenido. El objetivo es entenderte a ti y a tu mente. Estas preguntas se llaman *journal prompts*. En internet hay listas enormes para probar diferentes cada día. Lo que más me gusta es que estas páginas de la mañana son para mí y nadie más: eso me permite tener la confianza de escribir lo que se me va ocurriendo sin filtro. Mis *journal prompts* favoritos son "¿qué tipo de día quiero experimentar hoy?" y "al final del día, ¿cómo te quieres sentir?". Escribo las respuestas a mano y me gusta terminar el último párrafo con un mantra o alguna afirmación positiva, como "hoy dejaré atrás los pensamientos que no me dejan crecer" o "estoy en el camino correcto".

Por último dedico 20 minutos a aprender algo totalmente nuevo. La mayoría de las veces escucho un pódcast o veo alguna conferencia TED.

Así, en los primeros 60 minutos de mi día ya hice algo de ejercicio, ya escribí y reflexioné sobre lo que ha pasado y sobre lo siguiente que quiero que pase, y ya aprendí algo nuevo. Parece algo muy simple, pero hasta que lo intentas te das cuenta de la enorme diferencia que hace en el resto de tu día.

Yo lo sé. Gracias a las redes sociales y a muchos videos y artículos que están en internet, hablar sobre la importancia de levantarte temprano ahora es "muy tóxico". Hay mucho contenido tratando de hacerles ver a las personas cómo no deben esforzarse, ni caer en las trampas del mundo capitalista ni tener rutinas. Dicen que "la cultura del esfuerzo" es una mentira.

Cuando veo esos videos termino apretando el celular y tensando la mandíbula. Por un lado, es excelente que te presenten y compartan información, datos, libros y autores para que puedas cuestionarte cada aspecto de tu vida. ¿Pero hablar de cómo está mal creer en el mundo capitalista mientras estás transmitiendo un video en vivo con uno de los celulares más caros y tecnológicos que hay, en una plataforma en la que buscas hacerte viral para monetizar tus videos, en los que, por cierto, de fondo se ve una buena casa y una repisa llena de objetos de colección de diferentes marcas multinacionales? Algo no me cuadra.

Cada uno puede formar sus propias opiniones. La mía, y como yo lo entiendo, es esta: en definitiva, no creo que el simple hecho de levantarte temprano pueda asegurarte que tengas éxito. Tampoco esforzarte y trabajar las 24 horas del día. De hecho, eso haría que constantemente te sientas asfixiado y sin nuevas ideas.

Por lo regular las personas ponen su despertador una o media hora antes de entrar al trabajo o a la escuela. Suena, lo posponen varias veces, hasta que ya no queda de otra y tienen que apurarse para llegar corriendo o conectarse a tiempo. ¿En dónde quedó el tiempo de ti para ti?

Así que no, no se trata de levantarte a las cinco de la mañana para abrir tu computadora inmediatamente, leer todos tus correos pendientes y ponerte a trabajar. ¿Quién querría eso? Levantarme temprano es asegurar que lo primero que hago en el día sea dedicarme tiempo exclusivamente a mí.

No siempre tuve esa rutina.

Antes de conocer esta estructura del 20-20-20, que propone Robin Sharma en su libro *El club de las 5 de la mañana*, empezaba mi día un poco más lento, más aburrido y menos energético. También me levantaba a las cinco, pero muy despacio, tomaba mi café, leía algo ligero de algún libro y a las seis me iba a mi estudio de yoga. Salía a las siete y media, me bañaba, desayunaba y a las nueve salía de mi casa a The Work Club, en el centro de negocios.

Me encantaba. Y siendo completamente honesto, hay veces que sí extraño los viejos, buenos y calmados días. ¿Por qué cambié mi rutina? Por dos razones muy importantes.

La primera: mi vida ya había cambiado por completo desde que me había convertido en creador de contenido en TikTok. Después de que mi cuenta empezó a crecer rápidamente, el potencial se multiplicó por cien, o, mejor dicho, por millones.

La segunda razón: ya no me estaba "preparando" para todo lo que venía. Ya estaba viviendo las cosas para las que tanto había hecho planes.

Tomo un baño y elijo ropa según lo que venga en el día. Mi *outfit* favorito siempre ha sido una camisa blanca con un suéter azul por encima (aunque mis hermanas siempre me dicen que se ve anticuado).

Mi directora de carrera en la universidad, que cada día que llegaba era como si entrara al salón una gran ejecutiva o una importante presidenta, siempre nos platicaba que ella había crecido con la cultura de *dress for success*, o vístete para el éxito. Y nosotros del otro lado del salón desvelados por entregas de tareas, despeinados, en pants y sudadera.

Nuestra generación realmente se olvidó de eso porque quisimos eliminar todas las etiquetas del qué dirán, de cómo te ven y de la importancia del valor como persona sin importar tu género, tus preferencias o cómo te veas. Está perfecto. Esto no se trata de impresionar a nadie, pero sí puedes tomar elecciones dependiendo de cómo te sientas, qué quieras hacer y cómo te quieras sentir.

Cuando quiero sentirme atlético, uso ropa deportiva. Si son días creativos, camisa y jeans para mí son perfectos. Si quiero sentirme como un gran empresario, un saco o un blazer.

En los días tristes o más desanimados lo primero que tienes que hacer, según Regina Brett en el libro *Dios nunca parpadea*, es presentarte al mundo, vestirte, darte un baño, prepararte. Después de eso, seguro algo bueno pasará.

Cuando termino la fórmula del 20-20-20, y después de arreglarme, en mi calendario y agenda diaria siempre está desayunar. No hay forma de eliminar ese espacio. Para mí es de las comidas más importantes del día. Normalmente me preparo yo mismo huevos estrellados con salsa y trato de acompañarlo con algún jugo recién hecho. Desde que vi un documental que habla del poder que tienen los jugos, no los he dejado por nada del mundo.

Si estoy de viaje, busco lugares ricos pero saludables. Mi restaurante favorito hasta ahora es uno llamado The Well, en Austin, Texas. Para llegar solamente tengo que activar cualquier *scooter* con mi celular y recorrer a toda velocidad Congress Avenue, dar vuelta a la derecha en la Sexta y listo. Ahí pido los chilaquiles saludables y más ricos que he probado en mi vida.

Si estoy en la Ciudad de México, trato de ir el mayor número de veces posible a desayunar al parque La Mexicana.

Siempre escojo las mesas con las mejores vistas. Esa es una muy buena manera de empezar el día. Después camino a Starbucks y, para quedarme trabajando ahí por horas, ordeno un *caramel macchiato* o un *green tea latte*. Tomar matcha me recuerda mis días en Corea. Y, por lo mismo, me recuerda que si somos lo suficientemente valientes y nos llenamos de coraje y fuerza, podremos también salir adelante.

Después de desayunar, ahora sí de vuelta a la acción. Empiezo revisando mi calendario. Cada vez que abro mi celular o mi iPad para consultar cómo será mi día, me imagino a mí mismo caminando para entrar a uno de los salones de la Welton Academy en la película *La sociedad de los poetas muertos* para escuchar al maestro John Keating hablar de cómo tenemos que iniciar el día con la mentalidad de hacer de nuestras vidas algo extraordinario. Desde que vi esa película adopté la expresión en latín *carpe diem*, que significa "aprovecha tu día".

La mayoría de las personas odia los lunes. Yo los amo. Siento que hacen que me enfoque otra vez en mi mente de negocios. Sé que acabaré muy cansado al final del día, sobre todo mentalmente, porque es el día que más actualizaciones y juntas tenemos en mi empresa. Revisamos números, como indicadores financieros, órdenes de la semana anterior y la cantidad de visitas promedio. Los lunes también es cuando aprovecho para modificar el plan de acción a corto y largo plazos. La primer reunión del día se llama "The numbers", en la que revisamos las gráficas, los indicadores y los reportes más importantes de la empresa. Más tarde, a las 12, tengo una junta llamada "Weekly team meeting" con todo el equipo, en la que revisamos qué pasó durante la semana anterior en todas las áreas. Cada uno explica cómo resultó lo que se propuso hacer y sus indicadores, y el plan o propuestas para la semana que inicia.

Pamela Valdés, CEO de Beek, me presentó con Odmar, uno de sus mentores. "Él es una de mis armas secretas", me escribió en un correo. Tiene una gran experiencia en empresas multinacionales y es un gran mentor de diferentes CEO de Silicon Valley. Con su ayuda implementamos una dinámica de trabajo basada en pocas, pero importantes, metas. La teoría está basada en el libro *Las 4 disciplinas de la ejecución* de Sean Covey. En mi mente, es como la ley de Pareto, mejor conocida como la regla del 80/20. Todo parte desde la idea de que la mayoría de las actividades que hacemos en el día a día no nos lleva a ningún lado. Así que esta regla establece que tenemos que encontrar las pequeñas acciones que nos van a costar el 20% de nuestro esfuerzo, pero que nos van a producir 80% de los resultados.

Y si ese lunes es parte de los primeros días de cada mes, por las tardes tenemos mentoría con Luis Hoyos para revisar los estados de resultados y flujo de efectivo de la empresa. Y así es como empieza mi semana.

Los martes mi calendario normalmente está un poco más despejado de juntas. En cambio, tengo llamadas "uno a uno" con mi equipo y avanzo en mis tareas y pendientes, como el desarrollo de nuevos productos, entrevistas con clientes o simplemente revisiones de avances en cada área de la empresa.

No todo es trabajo intenso. Los miércoles a las 12 tenemos una sesión llamada "WIFLE" por "What I Feel Like Expressing", en la que todos nos conectamos a una videollamada con una actitud más relajada y, con la guía de algunas preguntas, cada miembro del equipo va expresando cómo se siente, cómo está emocionalmente y qué pasa por su mente.

Los jueves bloqueo un espacio de más de cinco horas al que llamo "Thinking time", el cual, como dice su nombre, consiste solamente en pensar. Lo empecé a implementar también por recomendación de Pamela. Es mi espacio de la semana en el que puedo detenerme a observar y descubrir, por medio de preguntas, cuál es la siguiente prioridad o la siguiente estrategia que nos puede hacer llegar mucho más allá.

Si estamos en la última semana del mes, los jueves también tenemos una sesión en la que todo el equipo participa, llamada "All ideas matter". Lo que hacemos es consultar un buzón de ideas que tenemos en el que, a lo largo del mes, cada quien puede escribir lo que sea que se le ocurra que pudiera impactar de manera positiva a la empresa. Durante esa llamada, el que haya publicado ideas las explica al equipo, y entre todos la complementamos con pros y contras. De ahí seleccionamos una o dos para implementar el siguiente mes.

Si tengo alguna entrevista agendada con algún medio de comunicación trato de que sea entre martes y jueves por la tarde. Poco a poco y con la práctica conocí diferentes términos que utilizan en la prensa. Por ejemplo, si mi equipo me dice que tengo un *phoner*, ahora entiendo perfecto que se trata de una entrevista con un reportero. Me llaman por teléfono, contesto, me indican los detalles importantes y espero a que conecten a la persona que me entrevistará. Antes que cualquier otra cosa, les agradezco por su interés y por su tiempo. Después empiezan las preguntas, que trato de responder como si estuviéramos en una plática en un café, para que la conversación se sienta más a gusto y en confianza. Normalmente las notas salen dos o tres días después. Estoy muy agradecido con cada uno de ellos por hacer llegar mi historia cada vez más lejos.

También hay ocasiones en que son pódcast o transmisiones en vivo para algún programa, o incluso un día entero, como cuando con una de las dos más grandes televisoras de México grabamos por toda la ciudad cómo era una jornada completa en mi rutina como emprendedor y creador digital.

Al final de cada día termino cansado, pero contento. Cuando creo que ya es la hora de desconectarme e irme a descansar, hay dos escenarios posibles, uno más frecuente que el otro.

En el primer escenario bajo a la cocina para prepararme algo de cenar. Busco alguna película interesante que tenga en mi lista de espera o me voy directo a leer algo.

El otro escenario es cuando también bajo a cenar, me cambio y me pongo ropa cómoda y, en lugar de desconectarme, me quedo con mi laptop pero en la cama, viendo nuevas ideas para mi empresa. Es como otro momento creativo muy constante que llevo a cabo, sin querer hacerlo. Hago notas a mano en mi iPad, pongo recordatorios, envío correos y guardo lo que quiero hacer después.

¿Qué puedo decir? Me encanta lo que hago. Y me siento orgulloso de decir que no solo me encanta, sino que también me apasiona. Creo que me está pasando lo mejor en mi vida: puedo balancear trabajo duro con rutinas que me mantienen saludable en todos los aspectos. Al principio fue un reto. Después empecé a armar toda esta estructura de días y orden precisamente para sentir más libertad, al mismo tiempo que avanzo. Y sí, contrario a lo que creía mi versión de 18 años, que buscaba ser más y estar ocupado todo el tiempo, sí se puede ser ambicioso sin estar constantemente estresado.

En cualquiera de los dos escenarios apago todo cuando siento que ya se me cierran los ojos. Por fortuna tengo un sueño muy profundo, así que siempre despierto fresco.

No *tengo* que ir a mi oficina. Puedo hacer mi trabajo desde cualquier parte del mundo en mi computadora. Además, la mayoría de nuestras operaciones son digitales, a excepción de la preparación de los paquetes para los envíos. Las pestañas que siempre tengo abiertas en mi computadora son las herramientas digitales que más utilizo y recomiendo: Monday, Slack y Notion.

En Monday están los reportes y los estados financieros. Mi parte favorita es que también se conecta con la mayoría de las aplicaciones y te permite crear automatizaciones entre ellas. Por ejemplo, si alguien del equipo llena el formulario de vacaciones, le llega a la persona indicada un correo avisándole que tiene que aprobarlas. Y cuando se aprueban, a la persona que lo solicitó le llega el correo de que sus vacaciones fueron aprobadas.

Una de las cosas que siempre voy a tratar de inculcar en mi equipo es que entre más automatizados tengamos esos tipos de procesos, más fácil será nuestro trabajo.

En Slack es en donde tratamos de mantener las conversaciones que tengan que ver con la empresa. Y digo *tratamos* porque no hemos logrado que sea el único canal de comunicación. Cuando hay algo urgente, lo más fácil para todos siempre es enviar un whatsapp. Yo nunca he estado de acuerdo porque se mezclan las conversaciones personales con las de trabajo. Además, da la sensación de que tienes que contestar, en el sentido obligatorio, sin importar la hora o el día.

Yo soy malo utilizando WhatsApp, lo acepto. Me ha pasado una infinidad de veces que tengo reclamos de diferentes personas por no contestar una llamada o por no contestar un mensaje. Muchas veces veo el mensaje y me imagino la respuesta, pero no la envío. Pero también es molesto que alguien crea que, por tener tu número, tienes la obligación de contestar.

En cambio, me encanta cómo funcionan los correos electrónicos; no se me pasa ninguno sin contestar.

Espero que pronto en Latinoamérica nos demos cuenta, como lo hicieron en Europa, de que siempre tiene que haber una separación entre lo que es profesional y lo que es personal.

Por último está Notion, que se ha convertido en mi aplicación favorita. Ahí tenemos *action logs* en donde están las tareas y las fechas objetivo, así como las mediciones semanales, las políticas de la empresa, proyectos y notas que surgen de nuestras reuniones. El propósito es que desde ahí puedan tener acceso a cualquier parte o cualquier información de la empresa, como si fueran nuestros *headquarters* u oficinas centrales digitales.

Si no estoy en mi oficina, seguramente estaré revisando todo lo anterior desde algún café o librería. Son los lugares que me llaman. Trato de visitar los más que pueda durante la semana, y nunca me aburro, puedo pasar horas, mañanas y tardes enteras ahí.

De vez en cuando voy por una hamburguesa de queso o una de pollo a McDonald's. Hay un acuerdo común en que son los mejores vendedores del mundo porque nos atraparon desde que éramos niños con las cajitas felices y ahora como adultos, aunque la comida parece de plástico, nos sigue encantando (al menos a mí sí).

Los jueves son importantes para crear contenido. He descubierto que es el día que mejor funcionan mis videos y más reproducciones tienen. También los domingos. Así que tengo un gran espacio de tiempo dedicado a crear mis siguientes videos esos días.

A veces me pasa que ya quiero que lleguen los viernes. No para irme a una fiesta o para salir con mis amigos. En todo caso, lo puedo acomodar en mi agenda el día que yo quiera. Más bien porque empiezan mis tres días más creativos de la semana. No hay opción para no aprovecharlos de la mejor manera posible.

Los sábados y domingos no pongo el despertador, pero por la costumbre me despierto temprano, cosa que no me molesta, me encanta. A esas horas mi casa está en silencio; eso solo significa mayor concentración.

Como no agendamos juntas ni pendientes de mi empresa los fines de semana, son los dos días más importantes para pensar en lo que pasó en la semana y poder llegar a nuevas ideas de qué se puede hacer la siguiente.

Esos días también aprovecho para leer mucho más de lo normal. Por lo menos dos o tres horas cada día. Ahí es en donde más avanzo en mi pila de libros pendientes que están en el buró, a un lado de mi cama. Y es mi culpa que muy seguido agregue uno o dos más a la pila. ¿A quién no le encanta ir a comprar libros nuevos? Siempre que estoy en una librería me prometo que tengo que leer más rápido porque si no nunca los acabaré todos.

Entre esos libros trato de balancear entre no ficción y ficción. Los libros de no ficción hacen que siga aprendiendo cosas nuevas. Leer novelas o *thrillers* me desconecta completamente de mi realidad. Descanso, me entretengo y aparte nutro mi imaginación y mi creatividad mientras hago lo que más me gusta: leer. Es como un ganar-ganar.

Para poder mantenerme enfocado, pongo mi celular en modo avión, le pido a Alexa que ponga una alerta y sé que no me puedo parar del sillón ni distraerme hasta que suene la alarma.

Antes leía todo en mi Kindle. El primero que tuve me lo compré en secundaria. Como no se lo quería pedir a mis papás, lo que hice fue ver cómo podía ganar dinero para comprarlo yo mismo. El primer negocio que se me vino a la mente tenía que ver con los futuros estrenos de la última película de *Harry Potter* y la primera de la saga de *Crepúsculo*. Así que me pareció buena idea comprar una sala entera de las funciones de medianoche para poner en reventa los boletos para todos los que quisieran ir. Claro, con el permiso del cine.

Fueron las primeras veces que hacía negocios en grande. Desde ahí conocí el estrés por tener que vender más de 300 boletos. Un mes después, con las ganancias, pude comprar mi Kindle y lo llené de libros.

Hace poco vi una publicación de Bill Gates hablando sobre lo bueno que es para la mente y la memoria subrayar, hacer anotaciones en los márgenes de los libros y escribir tus propias conclusiones al final de cada capítulo. Muchas veces me ha pasado que cuando leo algo, trato de memorizarlo y al día siguiente ni siquiera me doy cuenta de que lo olvidé. Además, Bill en los últimos años se ha posicionado como uno de los lectores más dedicados. Ahora todo mundo espera sus recomendaciones cada verano.

Después de eso empecé a comprar nuevamente libros físicos, luego de haber pasado años con las versiones en digital. De hecho, Amazon hizo públicas algunas estadísticas mostrando un comportamiento extraño en el mercado. Desde que lanzaron por primera vez el Kindle, la venta de libros en papel cada año disminuía. Pero a partir de 2016 la línea de su gráfica empezó a irse al lado contrario y por primera vez desde hace muchos años los libros físicos iban en aumento otra vez.

Por más que queramos ser completamente digitales, la experiencia de leer incluye sentarte, tocar la textura del papel, el olor de las páginas y poder subrayar las ideas que más te gustan.

Cuando quiero ser práctico, también me voy a los audiolibros para aprovechar trayectos en los que voy caminando o manejando. Y a veces, ambos. Si encuentro memorias o autobiografías con el audiolibro narrado por el autor, leo mientras escucho lo mismo.

Últimamente leí *Terror de Estado*, un thriller político en Washington, D. C., y *La verdad sobre el caso Harry Quebert*, con cuyo personaje principal me sentí muy identificado porque durante todo el libro está tratando de escribir uno, y cada capítulo empieza con un consejo, que al final termina siendo una historia extraña. Mi favorito de no ficción es Derek Sivers, y de ficción sigue siendo Dan Brown, pero no hay señales de que tenga un próximo lanzamiento.

Los fines de semana son los días perfectos para ir al cine o ver algo nuevo en Disney Plus. Disfruto enormemente de las buenas bandas sonoras y *soundtracks* de las películas y aprecio cuando tienen una gran cinematografía o animación innovadora.

Los domingos en las mañanas mi papá sin falta prepara el desayuno. Hot cakes, tocino, huevos estrellados y chorizo. Algunos domingos sí desayuno con mi familia, otros me levanto más temprano y desayuno en un restaurante local que me encanta llamado Pour la France! Bistro. Aunque en teoría sirven comida francesa, yo siempre ordeno chilaquiles. Y otros domingos simplemente me voy temprano a trabajar a algún café.

En las noches, sin falta, hago la planeación de toda mi semana.

Primero anoto todos los pendientes que tengo. Yo le llamo "vaciar tu cerebro". Me he dado cuenta de que simplemente por el hecho de anotar lo que tienes que hacer, sientes más paz, a diferencia de cuando se lo dejas a la memoria y todo el día estás pensando: "Tengo que hacer esto". Después de anotar hasta el último pendiente que se me ocurra, hago una lista de cosas que quiero hacer. A continuación trato de consultar mis metas a largo plazo, y escribo dos o tres cosas que pueda hacer durante la semana para cumplirlas. Todo eso lo hago a mano, y al final dedico unos 20 o 30 minutos a pasarlo todo al calendario digital. Ahí acomodo visualmente cada una de las tareas, juntas, traslados, pendientes y cosas que quiero hacer, hasta que me parece emocionante, retador y realista.

Al principio, cuando empecé a organizar mi semana, ponía 10 o 20 cosas en un solo día, y llenaba cada minuto, hasta que aprendí que no soy un robot. Desde entonces, cada actividad tiene un pequeño *break* de 10 o 15 minutos de ser posible.

Cuando mi calendario está listo, me voy tranquilo y me preparo mentalmente para vivir esa semana que viene. Siempre hay algo que me emociona y me inspira.

Así pasa cada uno de mis días. Y aunque parece que está todo calculado y estructurado a la perfección, sorprendentemente cada día y cada semana siempre son diferentes a los anteriores. Ya sea por las personas con las que platiqué, cosas nuevas que aprendí, experiencias, consejos que recibí, lugares que visité u oportunidades que se presentaron.

Lo único que es constante es que cuido lo más preciado que tengo: mi tiempo.

10

ENCENDER LA LUZ

Uno de mis nuevos musicales favoritos, además de *Hamilton*, es *Querido Evan Hansen*. Se estrenó en 2016 en Broadway y rápidamente ganó la atención de la prensa y el público. Obtuvo seis Tony Awards y en 2021 se estrenó la película.

En resumen, es la historia de Evan, un adolescente de 17 años con problemas y ansiedad social. En una de sus terapias, el psicólogo le recomienda que se escriba cartas a sí mismo detallando lo bueno que le pasa cada día. Se había roto el brazo y su mamá le sugiere que les pida a sus compañeros que le firmen el yeso. La primera persona con la que se topa es Connor. Varios días después Evan es llamado a la oficina del director. Connor había fallecido; se había suicidado.

El resto de la historia es muy inspiradora. Además, tiene un mensaje muy impactante sobre los problemas con los que todos estamos lidiando y cómo, a pesar de todo, aunque nos sintamos perdidos, volveremos a ser encontrados.

En el país y en mi ciudad habían estado aumentando los suicidios desde años atrás. Me preocupaba. Y después de conocer esa historia, quise hacer algo al respecto. Por mi mente pasaba la frase que escribió Stan Lee para Peter Parker: "Un gran poder conlleva una gran responsabilidad". Me estaba tomando más en serio que las personas me escuchaban, me usaban como ejemplo y referencia. Igual que en el musical, quería dar un mensaje para cualquiera que estuviera considerando el suicidio como opción.

En la tarde había terminado de encontrar las palabras que quería transmitir. Hice un *script*, lo ensayé varias veces y lo grabé. Empezaba el video diciendo: "Esta es mi carta de suicidio", aunque era lo contrario. Era una carta sobre cómo eso no era la solución, presentando diferentes perspectivas sobre los problemas que alguien pudiera tener y cómo todo se puede resolver. Lo edité y lo publiqué.

Una de las escenas y canciones más emocionantes del musical es cuando Evan vence uno de sus miedos y en frente de un auditorio entero da un discurso para hacer memoria al recuerdo de Connor.

Esta es parte de la letra:

¿Alguna vez has sentido que no había nadie allí?
¿Alguna vez te has sentido olvidado en medio de la nada?
¿Alguna vez has sentido que podrías desaparecer?
¿Como si pudieras caer y nadie lo escuchara?
Bueno, deja que ese sentimiento solitario se lave.
Tal vez haya una razón para creer que estarás bien.
Cuando no te sientes lo suficientemente fuerte como para estar de pie,
puedes levantar tu mano
y alguien vendrá corriendo
y, lo sé, te llevarán a casa.
Incluso cuando la oscuridad cae,
cuando necesitas un amigo para llevarte
y cuando te rompes en el suelo,
serás encontrado.

Así que deja que el sol venga fluyendo
porque levantarás la mano y te levantarás de nuevo.
Levanta la cabeza y mira a tu alrededor.

Cuando termina, se da cuenta de que había cientos de celulares grabándolo. Al día siguiente toda su escuela se enteró de que su discurso se había hecho viral en internet. Lo estaban viendo en todo el país.

Y a mí también. El video que subí, "mi carta de suicidio", se hizo viral y tuvo millones de reproducciones.

Lo que no sabía era lo que seguía.

En pocas horas había más de 10 000 comentarios. No eran críticas, ni felicitaciones, ni personas conmovidas por el mensaje. Eran miles de personas que se habían abierto a contar sus experiencias. Una tercera parte eran personas que tenían un familiar muy cercano que lo había hecho.

"Ojalá mi hermano hubiera visto este video."

"Hace siete días mi mejor amigo lo hizo y estoy destruida."

"Yo lo viví con mi mamá. Fue su decisión, pero tal vez hubiera sido diferente si hubiera pedido ayuda."

Honestamente, fue uno de los días más tristes de mi vida. Dejé de hacer todo lo que estaba haciendo y leí muchas de las historias que estaban escribiendo.

Después esa tristeza se convirtió en preocupación, porque otra tercera parte de los comentarios era de personas escribiendo que lo estaban considerando. E incluso personas que ahí mismo pedían ayuda o alguien que los escuchara. Ese día además recibí cientos de mensajes privados preguntándome qué podían hacer. Me daba mucho miedo que, en mi intento por aconsejar algo bueno, terminara empeorando la situación.

"Necesito alguien que me escuche."

"Lo iba a hacer en más de tres ocasiones, pero pensé que las personas malas disfrutarían mi partida y las personas buenas que amo sufrirían."

"No sé cómo, pero en mi peor momento me aparece este video."

"Dime qué hacer, por favor. Ya no puedo más. A veces solo quieres escapar de esos problemas y tienta demasiado solo dormir y no despertar."

Como me ha pasado muchas veces, no me sentí solo. Diferentes psicólogos se dieron cuenta de lo que estaba pasando y se acercaron para aconsejarme. Confirmaron que, en efecto, yo no debía dar consejos ni recomendaciones porque no estaba capacitado ni era experto. Pero lo que sí podía hacer era tratar de canalizar a todas las personas que me estaban contactando a programas de atención en donde los expertos sabrían qué hacer para darles la mejor ayuda posible.

En la noche, después de un día de muchas emociones, sentí que, aunque había miles y miles de personas que no se sentían bien, había miles más dispuestas a ayudar. La última tercera parte de los comentarios fue de personas que indicaban que ahí estaban para escuchar a cualquiera que se sintiera solo. Incluso muchas de esas personas iniciaban conversaciones y pláticas con los que pedían ayuda. Como si fuera una red de soporte.

Aunque es muy difícil darnos cuenta porque todo el día estamos bombardeados de noticias negativas, también es cierto que el mundo está lleno de gente con las mejores intenciones y pensando en hacer el bien.

Por varias semanas estuve repasando la canción "Firework" una y otra vez.

> No tienes que sentirte como un desperdicio de espacio.
> Eres original. No puedes ser reemplazado.
> Si tan solo supieras lo que te espera en el futuro.
> Después de un huracán viene un arcoíris [...]
> Solo debes encender tu llama y dejarla brillar.

Quería hacer algo más al respecto, pero no sabía qué. Solo sabía que seguir contando historias seguiría siendo la mejor manera de conectarnos unos con otros para poder entendernos.

Cada día que volvía a recordar todo lo que se había generado con un simple video, me percataba de la importancia del tema de la salud mental. Lo que no identifiqué es que estaba empezando a descuidar la mía.

Desde que publiqué mi libro y empecé en el mundo de las redes sociales ha habido críticas y burlas, o como le llaman ahora, *hate*, sobre lo que digo y lo que hago. Yo sabía desde un principio que así iba a ser porque así es internet, y si así es internet significa que así es el mundo.

Además, hay dos tipos de críticas. Las que están bien fundamentadas y bien intencionadas que, además de detallar algo que no estás haciendo bien, incluyen una opinión de mejora o retroalimentación. Y las que están pensadas con envidia, rencor, enojo o resentimiento, que solamente buscan frenarte, darte inseguridades y detenerte.

Las primeras veces no le di importancia. Eran cualquier cosa como comentarios en contra u opiniones diferentes a las mías. Además, mi contenido es positivo. No critico a nadie ni me meto en problemas ni en temas polémicos.

Sí llegué a notar que entre más pasaba el tiempo, empezaban a aparecer comentarios y también mensajes privados, ya no con opiniones diferentes ni ideas que se pudieran contrastar.

Ahora estos comentarios eran más subidos de tono y con otro propósito. Contra mí o contra cómo me veía o hablaba. Aunque trataba de no preocuparme, por muchos días me quedaba cuestionándome qué era lo que disparaba esas emociones o sentimientos. Yo nunca me he puesto a seguir a alguien que no me cae bien para estar al pendiente de todo lo que hace y dice. Y mucho menos me he puesto a enviarle mensajes a alguien para hacerlo sentir mal una y otra vez.

Cuando cumplí 20 años leí *Los cuatro acuerdos*, de Miguel Ruiz. Desde entonces se convirtió en una de mis guías personales más importantes. Los cuatro acuerdos o grandes enseñanzas son las siguientes: dar tu mejor esfuerzo, ser impecable con tus palabras, no hacer suposiciones y, la más importante para mí, no tomar nada personal.

Llevé tanto a la práctica ese último que incluso si llegaba a tener alguna discusión o malentendido con alguien en la escuela o cuando estuve trabajando, una hora después yo podía llegar como si nada hubiera pasado. Entendía y me repetía constantemente que las personas no actúan pensando en hacerte el mal, sino que actúan bajo las emociones de lo que han vivido o de lo que les pasó durante el día. La mayoría de las ocasiones veía que la otra persona seguía seria o distante después de alguna discusión. Yo no, los dramas no son lo mío. Siempre lo supero y sigo adelante gracias a esa gran enseñanza de no tomarme nada personal.

De hecho, llegué a considerar por años que yo estaba listo para cualquier crítica, así como mis ejemplos a seguir que han enfrentado por años la crítica y la difamación pública. Me sentía como si fuera de piedra. Sin embargo, no sabía que no es lo mismo lidiar con una persona con la que acabas de discutir a tener que lidiar con cientos y miles de mensajes y comentarios al mismo tiempo.

Lo que empecé a hacer fue tratar de ignorar lo más que pude mis dudas y mi preocupación por el qué dirán, como siempre lo había hecho. Hasta que un día me enviaron capturas de pantalla de una serie de cuatro o cinco *tweets* que había publicado Diana, una persona que conocía muy de cerca. Citaba una de las publicaciones que yo había hecho y le agregó esto: "Uno de los emprendedores motivacionales blanquitos y privilegiados de mi ciudad tiene complejo de superioridad, pero en realidad no da una. No vale la pena escuchar ni darle plataforma a gente así, representantes número uno de la cultura del estrés".

Nunca me había pasado que alguien que yo conocía y apoyaba hiciera una crítica pública en mi contra. Había dos o tres cosas que mi mente no podía procesar sobre qué estaba pasando. En primer lugar, nuevamente me preguntaba: ¿por qué escribir un *tweet* en contra de alguien? Segundo, ¿qué estaba pasando? Yo consideraba que nos llevábamos bien. Incluso un año y medio atrás me había pedido de favor que le consiguiera una cita con mi exjefe, el alcalde, para entrevistarlo o presentarle un proyecto, e hice lo que pude y conseguí que en su agenda incluyeran esa cita para recibirla. Y, en tercer lugar, tampoco podía procesar que otros a quienes también consideraba conocidos y compañeros de la escuela estuvieran compartiendo y dándoles *like* a esos *tweets*, como diciendo "estoy de acuerdo".

Me costó varias llamadas con mi círculo de amigos cercanos y varias salidas a caminar para volver a entender que lo que estaban haciendo decía más de ellos que de mí. Y me hicieron ver que no por conocer a una persona significa que debes de esperar su apoyo o su aprobación. Y así como podía ignorar el *hate* de las personas desconocidas, tenía que empezar a aprender a ignorarlo cuando viniera de alguien cercano.

Si alguien te avienta sus piedras, no puedes cargar con ellas.

Un día se me ocurrió la brillante idea de empezar a contar mi historia a través de diferentes videos. Según yo, eso era justo lo que hacía falta para que hubiera más contexto sobre de dónde venía. Ajusté la luz, revisé mi *script* y empecé a grabar emocionado por los posibles efectos que iba a tener el mensaje. Sería un éxito. Me encantaba el tema, era personal, real, positivo y optimista.

Hablaba sobre cómo había trabajado de tiempo completo y cómo lo había hecho para pagar mi carrera en el Tec. Y agregué detalles porque lo que más me importaba era que cualquiera que tuviera la ilusión de estudiar ahí, o en cualquier otro lado, considerara diferentes caminos para lograrlo. El objetivo era que nadie se rindiera en la meta de ingresar a la universidad de sus sueños.

No había pasado ni un minuto de publicarlo y ya tenía un comentario negativo. Se me hizo raro, pero no le presté tanta atención. No pasaba nada. De seguro era una persona que estaba de mal humor por cualquier otra cosa, había visto mi video y se había desquitado conmigo. Lo normal.

Me salí de la app y me puse a trabajar en mis pendientes de By the land. Varias horas después volví a revisar mis notificaciones. Se había creado un gran problema.

Me parecía demasiado extraño y no entendía cómo un video que se supone que era positivo se había convertido en todo lo contrario. Otra vez, lleno de miles de comentarios, pero ahora muy bajos. Algunos ponían que ya sabían "qué tipo de trabajitos hacía" como para pagar una carrera completa. Muchos decían que me robaba el presupuesto y los recursos del gobierno y de la oficina del alcalde, en donde trabajaba mientras estudiaba. Muchos otros afirmaban que yo era un corrupto y que por gente como yo el país estaba como estaba. Otros decían que me pagaban sin ni siquiera ir a trabajar. Y algunos me acusaban de abuso de poder.

¿Qué pasaba por la mente de las personas que estaban comentando todo eso sin saber? Ese día me sentí desesperado, muy enojado y apenado. Si alguien, cualquier persona, entraba a leer esos comentarios, aunque no fueran verdad, se quedaría con la idea de que yo era una persona corrupta, o al menos quedaría la duda. Y todo por la culpa de miles de personas que ni siquiera me conocían y estaban afirmando mentiras que se les ocurrían.

Aunque no me guste aceptarlo, en internet y en los medios, todavía en pleno siglo XXI, todo se trata de percepción. Es como si, por poner un ejemplo, alguien va con las autoridades y pone una denuncia diciendo que hay una situación de corrupción, acoso y abuso de poder dentro de mi empresa. Al día siguiente esa persona podría anunciar en cualquier medio de comunicación y en todas las redes sociales que soy culpable de esos delitos, aunque no sea verdad. Y por más que trates de explicar, decir la verdad o aclarar, la duda y la sensación de que algo malo estás escondiendo ya se sembró.

¿Ahora no podría contar jamás una parte de mi historia, de la que yo me sentía orgulloso, por miedo a que otra vez se volviera a malinterpretar, y tal vez a una mayor escala?

En la noche seguía preocupado, no tanto por los comentarios, más bien porque me quedé pensando mucho en mi futuro. Yo creía que era de piedra y que no me importaría jamás lo que dijeran de mí. Pero después de eso, ¿iba a aguantar lo siguiente que viniera? Muchas de las metas que tengo para el resto de mi vida tienen que ver con lograr cambios importantes. Dentro y fuera de mis empresas.

¿Cómo me iba a sentir si más adelante hubiera una cantidad enorme de mentiras en los periódicos? ¿O con la divulgación de noticias falsas? ¿O malas interpretaciones y malentendidos? Me estaba imaginando lo peor, pero en realidad les ha pasado a todas las personas que deciden llevar una vida pública. Ya sea en el mundo artístico, empresarial o en la política. Sé que no seré la excepción en cualquiera de los mundos en el que esté más adelante.

Para calmar mi estrés, enojo y desesperación, solo me senté en mi escritorio y escribí.

"Esto apenas es una pequeña prueba. Si la superas, estarás listo para lo que viene."

¿Valía la pena exponerse a las críticas haciendo lo que me llamaba y lo que me apasiona? Totalmente. Y no hace falta ser una persona pública.

Todos estamos expuestos a críticas y a comentarios. En nuestra propia familia, en la escuela, en el trabajo, en tu empresa, en todas partes. No puedes dejar que los demás te definan. Y si alguien tiene una imagen de ti que no es correcta, no es tu problema. Al final, no a todos les puedes caer bien. Incluso a mí no todos me caen bien. ¿Entonces por qué preocuparse por algo no realista como tratar de agradarles a todos? Lo único que lograba haciendo eso era perderme a mí mismo tratando de alcanzar algo que no va a pasar jamás.

Muchos no lo saben, pero Eleanor Roosevelt, en su época, fue de los personajes más criticados por toda la sociedad y por la prensa, porque lo que ella hacía "no debería de hacerlo una mujer". Me acordé de ella y de todo lo que debió haber pasado cuando un país entero estaba en su contra, pero aun así siguió haciendo lo suyo. "Haz lo que sientas en tu corazón que es lo correcto. Al fin y al cabo serás criticado si lo haces y también si no lo haces." Steve Jobs también debió de haber pasado algo similar porque fue él quien dijo algo parecido: "Nunca serás criticado por alguien que está haciendo más que tú, solamente por los que están haciendo menos, o nada". Y qué decir de Hillary Clinton. Treinta años haciendo cambios y con la mitad del país en su contra, y ahí sigue.

Comencé a leer un libro que tenía tiempo esperando titulado *El regreso del hijo pródigo*, de Henri Nouwen. Sabía que me iba a ayudar. El autor habla de la importancia de practicar la disciplina de la gratitud y explica cómo, aunque estés enojado, triste o frustrado, con dolor o con resentimiento, siempre puedes elegir estar agradecido. "Es sorprendente la cantidad de veces que puedo optar por la gratitud en vez de por la queja y el lamento. Puedo elegir ser agradecido cuando me critican, aunque mi corazón responda con amargura. Puedo optar por hablar de la bondad y de la belleza. Puedo elegir escuchar las voces que me perdonan y mirar los rostros que me sonríen, aun y cuando siga oyendo voces de venganza y vea muecas de odio."

Así que hice lo que sí estaba bajo mi control. Dar gracias por las críticas, por mis oportunidades, por mis aciertos, por mis limitaciones. Di las gracias simplemente por estar viviendo y por estar aquí.

Recordando esos ejemplos, y leyendo eso, me quedé más tranquilo. Sabía que todo iba a estar bien.

Mientras todo eso pasaba, en mi empresa teníamos también nuestros problemas.

Cuando Fernando, Maryell y yo nos asociamos pasamos los primeros seis meses muy unidos. Nos veíamos cada día a todas horas. Después, cuando empezó el trabajo remoto, seguimos con esa tradición de llamarnos y juntarnos por Zoom a diario. Además de que nuestro equipo era pequeño, nos gustaba tomar las decisiones de todas las áreas en conjunto.

Cuando la empresa empezó a crecer en ventas, después de hacernos virales, me entró una obsesión por mantener todo funcional y ordenado. Paulatinamente me fui dando cuenta de que teníamos llamadas en exceso, y las pláticas y las actualizaciones entre los socios eran una pérdida de tiempo porque lo que importaba era que cada quien hiciera su trabajo y cumpliera con sus responsabilidades. Mi mente analítica y estructurada me decía que tenía que ser de esa manera.

Mientras más meses pasaban, yo me enfocaba cada vez más en seguir estructurando y ordenando quién se tenía que comunicar con quién, qué función tenía cada persona y cuáles procesos le ayudarían a cumplir sus objetivos.

Poco a poco Fernando y Maryell me empezaron a dar señales. La situación era que no se enteraban de lo que pasaba dentro de la organización. Pero para mí no tenía sentido. Si todos hacían su trabajo, cada quién se enteraría de lo que tenía que saber y con eso todo iría bien. Las conversaciones empezaron a llenarse de reclamos, cuestionamientos y llamadas de atención.

Hubo dos semanas que para mí fueron las más tensas y las más difíciles que tuve con ellos. No me abrumaba el trabajo. Me desgastaba enormemente la situación que había entre nosotros. En un día podía estar triste, enojado, cansado, decepcionado, otra vez enojado y al final de la jornada agotado emocionalmente. Mi energía estaba drenada por completo. Cuando teníamos juntas con el resto del equipo, incluso era hasta incómodo vernos los tres ahí conectados.

En ese entonces no lo sabía, pero estadísticamente 60% de las empresas y *startups* fracasan debido a la mala relación de los socios. De hecho, Fernando nos contó en diferentes ocasiones que ya había tenido experiencia con eso, y siempre nos lo recuerda. En ese tiempo él era quien más nos proponía juntarnos a resolver nuestros asuntos. Hasta que todo reventó. Yo sabía que no era el fin, pero parecía.

Un lunes acordamos conectarnos. Era importante para mí que, así como teníamos reglas, valores y una guía escrita de cómo hacer funcionar al equipo, también teníamos que establecer lo mismo para hacer funcionar la sociedad. Como un manual.

En esa junta que duró horas me di cuenta de lo equivocado que estaba. Eso tampoco iba a arreglar nada.

Cada quien dijo lo que pensaba, cómo se sentía, qué quería, cómo veía las cosas, qué le angustiaba y qué le molestaba. Era como si nos llegáramos a entender otra vez, como amigos. Y comprendí lo importante que es cultivar la relación. No solo se trata de que cada uno cumpla sus responsabilidades y listo. También tiene que haber una conexión humana, y sobre todo entre nosotros tres, que somos los que hacemos funcionar nuestra organización.

El ambiente entre los socios fundadores de una empresa es lo que más va a impactar la cultura que la empresa tenga.

Me olvidé del plan que les había preparado y al final acordamos simplemente buscar conectarnos entre nosotros, pedirnos opiniones, platicarnos lo que pasaba y sobre todo escucharnos.

Ese lunes, después de pasar las peores semanas, todo empezó a mejorar.

Era sábado y descubrimos que atrás de mi casa había una familia de cachorritos con su mamá. Mis hermanas y yo nos acercamos a darles comida y agua. Se notaba que estaban hambrientos. Notamos que la mamá había perdido un ojo en una pelea, probablemente defendiendo a sus perritos. Cinco minutos después ya estaban todos adentro de mi casa.

Contactamos a una asociación para ver qué se podía hacer y nos indicaron que abrirían donativos para ese caso en particular para ayudarnos con los gastos. Lo que nosotros teníamos que hacer era llevarlos a desparasitar, cuidarlos mientras encontraban quién podría adoptarlos y asegurarnos de que la mamá tuviera una esterilización para prevenir que otra vez se embarazara. Yo también conté su historia y puse sus fotos en una página para quien quisiera aportar donativos.

Una de las veterinarias que consiguió la asociación recibió a los perritos y nos pidió recogerlos al día siguiente. Cuando fuimos por ellos había un caos. Uno de los cuartos estaba completamente destrozado, las paredes llenas de rasguños, y una de las ventanas con el vidrio roto. La mamá se había escapado.

Nos llevamos a los cachorritos, que no dejaban de llorar porque eran muy unidos a su mamá. Pasamos esa tarde lamentándonos porque el rescate había resultado en un fracaso. Ahora ya estaban separados y la mamá, perdida.

Al día siguiente la mamá apareció afuera de mi casa. Era imposible que hubiera llegado desde donde se había perdido hasta ahí. Alguien la encontró y la llevó. Pero el punto era que estaba bien y ya estaba de vuelta con sus cachorritos.

La señora que había estado ayudando a mi hermana con el tema de las adopciones publicó en internet fotos en donde la perrita estaba afuera de mi casa, diciendo que la habíamos dejado en la calle, que no había pagado los servicios de la veterinaria e insinuaba que me había quedado con los donativos. No sabemos con qué fin.

Cada vez más se empezaba a popularizar la publicación. Las personas me *googleaban*, encontraban los proyectos que estaba haciendo y las noticias que hablaban de mí. Con base en eso comentaban lo que se les ocurría. "¡Es un estafador! Y aparte pidió donativos." Otros decían: "Qué lástima. Según esto es escritor y tiene una empresa. ¿Qué le habrán enseñado en su casa?".

"Aquí vamos otra vez."

Ese día había quedado de comer con Fernanda, una de mis mejores amigas. Nos llevamos cinco años, pero desde que nos conocimos, ella en la prepa y yo en la carrera, hemos estado muy unidos.

Durante toda la comida estuve nervioso. Tenía miedo de que la publicación de la señora se hiciera viral, y con mentiras e insinuaciones yo iba a quedar como una persona que actúa en contra de los animales, cuando en verdad siempre he sido lo contrario. Además, los cachorritos y su mamá estaban en mi casa. Nosotros les íbamos a buscar un hogar a todos.

Casi ni le puse atención a la plática y quedamos de volver a vernos otro día.

En la noche, como seguían aumentando los comentarios negativos, expliqué todo a detalle y con fotos y evidencias de lo que en realidad había pasado. Lo publiqué y, para mi sorpresa, 30 minutos después borraron la publicación original donde me acusaban, y con eso se borró también mi explicación.

"Respira profundo."

Estaba en paz porque se había acabado el tema, pero al mismo tiempo estaba enojado porque las personas que lo alcanzaron a ver e incluso a comentar se quedarían siempre con esa idea sobre mí.

Decidí no pensar más en eso y disfrutar lo que quedaba de la noche para cenar a gusto y tranquilo con mis papás y mis hermanas. Estábamos en la cocina. Después de volver a platicar lo que había pasado, 20 minutos después ya nos estábamos riendo del asunto.

En eso vi mi celular y revisé mis mensajes. Un amigo me reenvió una publicación de una página muy popular, con más de 500 000 seguidores, que se dedica a publicar críticas y burlas de las demás personas. "Mira, ahí sales", me escribió para advertirme.

"Ay, no. ¿Ahora qué?" Volví a respirar, ahora con miedo. Probablemente sí se haría viral el tema de los perritos. Abrí la publicación.

Por el lado bueno, solo habían publicado uno de mis videos en el que hablaba de otro tema; me había salvado. Por el lado negativo, me iba a dar curiosidad qué es lo que dirían de mí. Como es común en esa página, había miles de comentarios criticando mi cara, mis dientes, mi frente, mi ropa, lo que decía...

No era la primera vez que me subían ahí, pero sí la primera vez que me harté de todo eso. Y otra vez, mi atención se enfocó en las personas que conocía de mi ciudad que estaban comentando, riéndose y burlándose junto con los demás. ¿No se imaginaron que yo podía ver los comentarios, o ese era el propósito?

Había decidido que era hora de ir al psicólogo, pero no sabía nada del tema, ni cómo funcionaba. Lo único que yo quería era contarle a alguien todo lo que no se ve por fuera. Sin embargo, había un detalle: no podía ir con cualquier desconocido y darle la confianza de la nada para contarle toda mi vida. Además, sentía que nadie me iba a entender. No quería ir con alguien joven sin experiencia, pero tampoco con alguien no actualizado que no supiera qué significa ser creador de contenido en internet.

Un día, una psicóloga más chica que yo, pero muy dedicada a lo que hace y con experiencia, publicó que empezaría a abrir su agenda. Con ella sentí confianza al instante y le envié un mensaje para registrarme.

El día de mi cita, decir que estaba nervioso era poco. Oficialmente era la primera vez en mi vida que me había armado de valor para buscar ayuda, aunque ni siquiera sabía con qué. ¿Acaso iba a descubrir que estaba loco?

Aun con todo lo que había pasado, no pensaba que tuviera un problema en específico, ni personal ni laboral y tampoco quería ir a quejarme de las cosas que estaban mal en mi vida. Pero había escuchado mucho que ir con un psicólogo es algo que todos deberíamos de hacer por el simple hecho de fomentar una buena salud mental. Y eso era lo que yo quería.

"Okey, y ¿por qué estás aquí?", me preguntó. "No sé", pensé.

Por lo regular cuando tengo una junta o alguna presentación creativa me tomo el tiempo para prepararme con notas e ideas y saber exactamente qué voy a decir, pero para esa cita ni siquiera había pensado y mucho menos había tomado notas antes. En desorden, fui explicando lo que iba pasando por mi mente.

Todo estaba bien (según yo). Más bien iba por prevención (ajá). De hecho, lo que me había llevado ahí era un "propósito de mejora personal". Quería explorar cosas que me ayudaran a ser más enfocado, más productivo y poder tener herramientas para crecer en lo personal y en lo profesional.

Lo acepto, mi subconsciente y su forma de tratar que todo parezca perfecto tomó el control. No hay palabras que puedan explicar todo lo que pasó después.

¿Qué puedo decir? En menos de 45 minutos, gracias a la plática que tuvimos y a sus preguntas, me di cuenta de muchísimos pensamientos que tenían un fondo más profundo de lo que yo creía. Era como si mi mente se hubiera despertado en el buen sentido para entender y conectar ideas y eventos que nunca había cuestionado y que simplemente daba por hecho. Hubo preguntas que me dejaron congelado porque no encontraba las respuestas de manera fácil.

Las siguientes sesiones fueron aún más reveladoras.

En muchas películas y series los psicólogos no hablan y solo están apuntando en una libreta todo lo que dice el paciente (o haciendo dibujos para distraerse). Y probablemente hay miles de estilos de terapia. En mi experiencia, es simplemente como ir a una plática muy honesta y transparente en la que terminas con grandes aprendizajes. La mayoría de las veces termino diciendo: "Wow, tengo que apuntar esto".

Un día me percaté de que estaba harto de seguir a personas con vidas perfectas. Sobre todo los días que más me sentía cansado, estresado o ansioso. Lo menos que quería en esos momentos era ver a alguien más presumiendo lo bien que le sale todo mientras te da consejos de cómo deberías estar haciendo las cosas. Pero en el fondo lo que más me molestaba era que muchas veces yo era esa persona.

Después de platicar con mi psicóloga comprendí que algo que me tenía cansado era precisamente eso: tener que poner una sonrisa o fingir que siempre estaba bien, que siempre era productivo y que nada me frenaba, cuando por dentro me sentía mal conmigo mismo si un día no me despertaba a una buena hora o si algo no había salido como yo quería. Puede llegar a ser agotador también sentir que le debes explicaciones a todo el mundo. Sobre todo cuando también del otro lado muchos creen que les debes respuestas a todo lo que te cuestionan.

Hay muchísimos cursos de marketing que dicen que para poder llegar a tener una marca personal tienes que crear un personaje con el que te identifiquen. Después de haberlo experimentado, puedo decir con honestidad que eso es agotador. Lo único verdaderamente funcional a largo plazo es ser auténtico.

Cada una de las personas está viviendo su propia vida. Todas tienen sus problemas, sus miedos y sus inseguridades.

Al final, cada día tienes que definir a quién vas a responderle y a quién vas a serle fiel, ¿a ti mismo o al mundo?

A partir de ahí me he podido liberar de cargas que no eran mías pero que estaba soportando. Y también cargas que yo mismo me había autoimpuesto, como la idea de que todos mis días en internet tenían que parecer perfectos.

En definitiva, fue de las mejores decisiones que tomé ese año. Si pudiera regalarle algo a todo el mundo, sin pensarlo, serían terapias de por vida. Admiro a las personas, a los países y a los gobiernos que sí lo hacen.

11

DESCONEXIÓN

Aunque había estado viajando mucho, siempre fue con una agenda llena de trabajo, *zooms* y tareas. De repente, con todo lo que había pasado en tan poco tiempo, parecía el momento perfecto para tomarme unas vacaciones.

No sabía lo que había que esperar.

Pensar en no trabajar durante un largo periodo de tiempo nunca había sido una opción para mí. Y no lo decía conscientemente. Es solo que no sabía cómo desconectarme. Nunca lo había intentado.

Como estudiante y en mi trabajo tuve diferentes viajes dentro y fuera de México. Siempre tuvimos agendas intensas llenas de reuniones y eventos importantes. Era completamente normal para mí buscar los espacios libres entre las actividades de mi trabajo para poder avanzar en mis tareas y proyectos de la escuela. En trayectos largos, vuelos o juntas en las que yo no tenía que estar presente, ya sabían en dónde encontrarme: estudiando o terminando algún ensayo. Incluso en un viaje a Cancún, en donde nos hospedamos en un hotel frente a la playa, en los tiempos muertos los demás estaban en el mar mientras yo estaba estudiando para un examen de matemáticas. Pero no me quejaba, al contrario. ¿Quién más estaba estudiando enfrente de la playa?

Hubo dos grandes excepciones. Una, cuando en otro viaje, el grupo me convenció de ir con ellos a Coco Bongo. Y solo acepté una vez que me había asegurado de ensayar varias veces una presentación de gobierno que teníamos al día siguiente.

Y la segunda, en nuestra tercera visita a Austin, Texas. En la noche, después de dejar al alcalde, a su esposa y al equipo de seguridad en el hotel, nos fuimos a la famosa calle Sexta en el centro para caminar de bar en bar. Lo increíble de esa ciudad es que tiene una vibra *hipster* y elegante al mismo tiempo. Así que un minuto estábamos en un bar ejecutivo y moderno, y al siguiente en uno *vintage* y alterno. Tomábamos alguna bebida y nos íbamos al siguiente. No termino de comprender cómo duré hasta las cinco o seis de la madrugada, cuando llegamos a los más famosos waffles con pollo frito en donde todos terminan la noche.

Esto nunca se lo contamos a nuestros jefes. Pero cuando nos subimos a las camionetas nos preocupó que no pudieran manejar bien. Eran camionetas grandes y difíciles de controlar por el peso del blindaje. Alguien dijo: "Yo lo arreglo". Y con un clic prendió la sirena y las luces de seguridad que teníamos instaladas. Nunca la habíamos utilizado en México. Todos los carros y las personas que iban caminando nos abrían el paso. Así fue más fácil llegar sanos y salvos al hotel. Llegamos, cada quien se fue a su cuarto a bañar y nos vimos una hora después en el *lobby*, listos para empezar el día como si nada hubiera pasado.

En resumen, esas han sido las dos grandes salidas de mi vida.

Incluso si me iba "de vacaciones" con mi familia, llevaba mi computadora y mis libretas. Apenas llegábamos a cualquier lugar y lo primero que hacía era dejar mis cosas y asegurarme de encontrar el mejor y más silencioso espacio para servirme café y ponerme a trabajar.

Pero ahora era diferente, era como si estuviera agotado mentalmente. En el fondo sabía que, si quería crecer, dar más, tener mejores ideas y encontrar mejores oportunidades, tenía que desconectarme. No medio día, ni un fin de semana. Ahora sí unas completas y merecidas vacaciones. Ya descubriría cómo.

Varias semanas antes estaba muy nervioso y mi manera de externarlo era platicarlo a cualquier persona que me topara que estaba a punto de hacer un gran experimento personal. Y entre más se acercaba la fecha me daba cuenta de que estaba exagerando y actuando como si me fuera a ir seis meses.

La realidad es que muchos empresarios no pueden irse de vacaciones o desconectarse porque los pagos o las decisiones de las operaciones diarias dependen de ellos y de nadie más. Por fortuna con mi equipo no es el caso. Esa, precisamente, es la razón por la que hemos trabajado tanto en nuestra estructura, organización y sistemas. Así que, cada vez que sentía estrés o ansiedad por irme, me recordaba que mi empresa, mi equipo y la manera de trabajar seguirían funcionando incluso si yo no estaba.

No les dije adiós, me desaparecí y ya. Para mi paz mental dejé algunas cosas extra preparadas, listas con temas importantes para darles seguimiento y temas que podían adelantar mientras no estuviera.

La última cosa que hice fue llenar el formulario de vacaciones. Christian, *chief of staff* y mi mano derecha, me mandó un mensaje diciéndome que no me iba a aprobar mis vacaciones. Le mandé uno de mis *stickers* favoritos que dice "otra broma así y te vas". Entre la cantidad enorme de trabajo que tenemos a diario también encontramos ratos para divertirnos. Cuando tenemos alguna crisis, nos recordamos que si todo sale mal podremos decir que "al menos las risas no faltaron".

Cuando creí que ya todo estaba listo, el lunes, exactamente un día antes de irme, en la junta semanal con los líderes de áreas estalló una bomba. Habíamos estado experimentando muchos cambios en la organización durante los últimos días. Los equipos se estaban reformulando, también los liderazgos, las metas y las responsabilidades. Las cabezas de los equipos se sentían frustrados, con justa razón. Nos desconectamos sin soluciones, con mucho estrés y con la sensación de que todo estaba mal y desordenado. Parecía que se había creado un desastre muy complejo. Por si fuera poco, un minuto después se cayeron todas las redes sociales y WhatsApp. Fue la ocasión en que duraron más de 10 horas sin funcionar.

No me quería ir sin arreglar el problema. Moví mi agenda, cancelé algunas juntas y encontramos tiempo contra reloj para juntarnos a resolverlo. En la nueva reunión abrimos un documento colaborativo en Google Drive y entre todos pensamos en las soluciones. Al final todos estábamos contentos, optimistas y seguros de que todo iba por buen camino.

Como he aprendido últimamente, las emociones tienen un propósito, y si atiendes el problema en el momento, puedes resolverlo. Si te lo guardas, o te quedas días pensándolo, se hace cada vez más grande.

Después de eso ya no tenía nada pendiente. Era totalmente libre para irme.

La imagen que tenía de los rusos era muy diferente. En mi mente, están en el frío, usan abrigos negros, hablan con una voz fuerte y dominante, y no salen sin sus botas y un sombrero ruso. Incluso Dimitri, uno de mis amigos que conocí en las clases del intercambio en Corea, siempre traía con él una pequeña botella de vodka, era serio y nacionalista. En cambio, el ruso que nos recibió como chofer en la costa este y calurosa de Estados Unidos era amable, traía puestos unos shorts y una camiseta de Mickey, hablaba español y se estaba esforzando por sacarnos plática y darnos consejos para el viaje. Fue una bienvenida divertida y el mejor Uber que me ha tocado.

Solo íbamos mis dos hermanas y yo. Era nuestro primer viaje de hermanos, nuestra propia gran aventura. Mis papás nos despidieron y fueron a dejarnos al aeropuerto en la madrugada. Volamos a Miami y al final tomamos otro vuelo corto para llegar a Orlando.

Pavel nos dejó en el hotel y lo primero que hicimos fue dejar nuestras cosas en el cuarto. Fuimos al súper a comprar *snacks*, aunque estoy seguro de que eso fue una excusa porque mis hermanas tardaron horas comprando *skincare* y maquillaje. En la noche fuimos a comprar la última cosa que me faltaba para el siguiente día: mi playera de Mickey.

Cenamos Apple Jacks, nuestro cereal favorito. Y cuando ya estaba en mi cama, con el aire del cuarto lo más frío posible, como me encanta, estuve a punto de hacer lo que llevaba todo ese día tratando de evitar: ver las notificaciones de mi celular. "No puedes arruinarlo el primer día. Te comprometiste contigo mismo. Cúmplelo." Activé el modo avión y lo guardé. Iba a tener que luchar todos esos días contra la inercia de revisar mensajes y estadísticas cada momento. Y, por más extraño que parezca, no llevé mi computadora.

Al día siguiente el despertador sonó a las seis de la mañana. No sé quién en sus vacaciones haría eso, pero los tres saltamos de la cama con la primera alarma. Abrimos las cortinas, prendimos todas las luces y estuvimos listos lo más rápido que pudimos. Desayunamos waffles y salimos para dirigirnos al primero de los parques en el lugar más feliz de la tierra.

Para mí era un viaje especial. Más que cualquier otro. Me emocionaba pasar días de calidad con mis hermanas, disfrutar los parques y las experiencias de una de las empresas que más admiro, y también aprender. Por años había estado leyendo artículos y reportes sobre la tecnología que hay en los parques dentro de las atracciones y espectáculos. Quería comprobarlo por mí mismo. Así que iba decidido a fijarme en el mayor número posible de detalles. Sabía que era un lugar del que un *storyteller* y emprendedor como yo tenía muchísimas cosas que aprender.

Nunca le conté a nadie, pero cuando estaba en segundo semestre apliqué para trabajar un verano ahí. Mi propósito era descubrir lo que hay detrás de su compleja operación y cómo logran hacer que todo esté perfecto. Pero en mi mente, ese sería solo el primer escalón. El objetivo final era ir creciendo de puestos y roles en la empresa poco a poco, hasta llegar a ser un *imagineer*, el equipo que imagina y construye cada nueva atracción del parque. Desde hace más de 50 años ese grupo se conforma de la mezcla perfecta entre artistas, escultores, ingenieros, ilustradores y personas de todo tipo de profesiones.

Durante el proceso, fui seleccionado. Estoy seguro de que me preparé para las entrevistas más que cualquier otra persona. Pasé la primera ronda, también la segunda. La última prueba era una entrevista en persona con uno de los directores de área del parque, en inglés. Y aunque estaba sobrepreparado con todas las posibles preguntas y respuestas que ensayaba con tarjetas, en la entrevista fallé horriblemente en mi conversación y pronunciación. No me lo dijeron en ese momento, pero yo sabía que no me elegirían. Eso lo confirmó un correo varios días después.

Fue un gran trauma, pero me sirvió para prometerme que jamás me volvería a pasar algo similar. Después de eso mejoré mi inglés hasta obtener un puntaje perfecto en el TOEFL y en todas las pruebas de lectura y conversación.

En la actualidad voy por un camino muy diferente a ir creciendo en un corporativo multinacional. Ahora tal vez me toque a mí crear uno desde cero.

El primer día fue increíble. Más de lo que me había imaginado que sería. Fueron 12 horas en las que cada minuto me sorprendía algo diferente a lo anterior. Sentía que me volaba la cabeza por las maneras que estaba descubriendo en las que se pueden contar historias y usar el *storytelling*: con experiencias. Cada atracción era una nueva aventura en un mundo diferente. Mientras pasaba el día, pensaba más y más en la frase de Maya Angelou: "Las personas olvidarán lo que dijiste, incluso lo que hiciste. Pero nunca olvidarán cómo las hiciste sentir". Y ahí lo sabían.

Disfrutamos ver a los personajes que nos gustaban desde niños. Alcanzamos a subirnos a todas las atracciones, incluidas las clásicas como Piratas del Caribe, La mansión embrujada y Space Mountain. Platicamos, nos reímos, nos tomamos muchas fotos, y después de haber caminado 15 kilómetros junto con la ayuda de mucho café y bebidas rehidratantes, palomitas, hot dogs y *snacks* de todo tipo, estábamos agotados pero contentos como nunca lo habíamos estado.

Y aún no había terminado.

En la noche, en ese parque, Magic Kingdom, las personas se reúnen en la explanada alrededor del imponente y clásico castillo para terminar el día con un show. Cuando llegamos ya estaba lleno. Calculé que eran alrededor de unas 10 000 personas. Encontré un lugar justo al lado de la estatua de Walt, y esperamos a que comenzara el espectáculo. Coincidió en que era la época del 50 aniversario, así que las expectativas eran altas.

Cuando las luces de todo el parque y el castillo se apagaron, las 10 000 personas gritamos y aplaudimos de emoción.

Todo estaba oscuro, hasta que una luz empezó a dibujarse en el castillo. Y una voz.

"Esta noche nos reunimos en el lugar más encantado del planeta. Uno en el que fluye la magia de los sueños que se hacen realidad. Aquellos que llegan aquí aventurados y llenos de esperanza, en busca de esta magia, salen inspirados, cambiados por lo que descubrieron aquí. Si te atreves a aventurarte en este viaje tal vez encuentres lo que estás buscando. Y hasta algo mucho más grande."

Y comenzó el show.

No hay palabras que puedan describir cómo es ver, sentir y escuchar la unión de una historia sincronizada perfectamente con la música, fuegos pirotécnicos, luces, láseres y el *videomapping* proyectando escenas que se adaptan a la forma del castillo. Todo alrededor de un gran mensaje sobre cómo es ir desde el inicio de una aventura, por los momentos iniciales en los que te sientes invencible, después por las dificultades, y al final descubriendo fortalezas y rompiendo limitantes para cumplir tu propósito. A lo largo de los 20 minutos hubo mezclas entre canciones como "I'm Almost There", "A Whole New World", "Into the Unknown" y "How Far I'll Go".

Fue un gran cierre para nuestro día. Y precisamente sentía que me estaba aventurando, que estaba encontrando respuestas y en camino a descubrir algo mucho más grande. De hecho, había llegado esperando tener días para desconectarme, pero en lugar de eso lo que había obtenido era mucha más inspiración.

Cuando íbamos de regreso al hotel me puse a pensar. ¿Se habrá imaginado Walt en algún momento lo enorme que sería hoy su empresa? Lamentablemente falleció a los 65 años cuando estaba construyendo Disney World. Su hermano Roy se hizo cargo del proyecto. Lo curioso es que después de la inauguración, al poco tiempo falleció también.

Muchos dicen que su misión simplemente era terminar el sueño de su hermano.

Pero, aunque no llegaron a ver lo que es hoy toda la compañía, sí tuvieron la visión para dejar una empresa que seguiría creciendo con el paso de los años.

La respuesta a mi pregunta está en lo que Walt dijo hace muchos años y se convirtió en uno de los mantras para su equipo: "Este lugar jamás estará completo en su totalidad. Continuará creciendo mientras aún siga existiendo la imaginación".

Ahora me gusta aplicar esa misma idea para las personas. Mientras haya imaginación, seguiremos creciendo, aprendiendo y reinventándonos con el tiempo.

Había mucha razón en que ese era un lugar lleno de sueños que se hacían realidad. Con cada experiencia solo se me ocurría un: "¡¿Cómo lo hicieron?!". Seguramente con mucha dedicación y profesionalismo. Mi curiosidad iba en aumento por saber cómo se habían organizado para crear, mantener y actualizar algo de esa magnitud. Si en ese parque lograban aterrizar ideas increíbles y hacerlas suceder mezclando tecnología y *storytelling*, yo también quería aprender a hacerlo.

Me quedé dormido temprano por el cansancio. ¿Extrañar mi trabajo o revisar las notificaciones de mi celular? Ni siquiera se me ocurrió.

Los siguientes días fui descubriendo y aprendiendo más curiosidades.

Alrededor de todo el parque hay tecnología que la mayoría de las veces no está a simple vista. Se dice que tienen uno de los mejores sistemas de seguridad, el mejor sistema de transporte, la tecnología más desarrollada en cada atracción. Y mi parte favorita: las pulseras llamadas Magic Bands. Cada visitante utiliza una pulsera que en su interior guarda un sensor de proximidad corta llamado RFID, el cual es tu forma de acceso, hacer pagos, entrar a tu cuarto, y un transmisor de 2.4 GHz con el cual rastrean la ubicación de cada persona dentro del parque.

Lo que logran con ella es medir el comportamiento de los visitantes en tiempo real. Además, les permite a los analistas saber en dónde estás, qué atracciones utilizaste, cuánto tiempo pasaste en la fila, qué y cuándo comiste, cuánto gastaste, a qué hora llegaste, cuánto tiempo descansaste, a qué hora saliste del parque, con qué personajes te tomaste fotos y más detalles. Utilizan toda esa información para mejorar constantemente el servicio.

Había tiendas en la que solamente sacabas tu celular para escanear los códigos de barras de los artículos que querías comprar y para no hacer fila pagabas rápido desde tu iPhone con tarjeta o con Apple Pay. También restaurantes en los que podías ordenar desde la app y recogías tu comida cuando te llegaba una notificación de que estaba lista.

Hace poco en una conferencia explicaban que se dieron cuenta de que las personas gastan más dinero si están más felices. Y para estar más felices, tenían que pasar menos tiempo en las filas, así que buscaron una muy buena solución. Uno de los últimos lanzamientos que tuvieron en 2021 fue una nueva app llamada Genie que te organiza el día perfecto durante tu visita. Lo que hace es que a cada persona o a cada grupo le da un itinerario diferente. Dependiendo del tamaño de las filas, las actividades que más te interesen hacer y las atracciones que más te llamen la atención, mezcla miles de algoritmos para darte el horario indicado que tienes que seguir para sacarle el mayor provecho a tu día pasando el menor tiempo posible en las filas, consiguiendo que tu visita sea más feliz.

No me imagino la cantidad de servidores que tienen el número de transacciones que se han de llevar a cabo cada segundo.

Detrás de cámaras, los algoritmos también utilizan avanzados cálculos para determinar la ubicación, los horarios y las tareas que hacen los más de 80 000 empleados.

Puede parecer un caos organizar semejantes operaciones, pero a simple vista todo es perfección.

No son cosas que te expliquen en el parque, pero para los curiosos como yo, hay una cantidad enorme de artículos y eventos de tecnología en donde exponen qué es lo siguiente que harán y cómo funciona lo que implementan.

Después, investigando, descubrí que no es casualidad que estén utilizando la última tecnología en cada una de las cosas que hacen. En el consejo directivo de la empresa están Sheryl Sandberg, directora de operaciones de Facebook; Jack Dorsey, fundador de Twitter, y John Chen, director de BlackBerry. Es bien sabido que Disney empezó a actualizarse tecnológicamente cuando Steve Jobs obtuvo una gran parte de las acciones y un lugar en la presidencia de accionistas. Ellos más que nadie saben que la compañía tiene que innovar y aprovechar el uso de *big data*, inteligencia artificial y *machine learning* para mejorar sus operaciones y con eso la experiencia de nosotros los clientes.

Ahora es muy común que muchos de los CEO y directivos de todo tipo de empresas alrededor del mundo visiten Disney World de manera frecuente para aprender precisamente sobre servicio al cliente.

A veces me imagino cómo sería el gobierno si se comportara como ellos. Todo sería rápido, transparente e innovador, y sobre todo funcional y eficiente para los ciudadanos.

Aunque tenía una rutina diaria que consideraba muy buena para seguir creciendo mi mente y mi cuerpo, al mismo tiempo que llevo a cabo mis responsabilidades y proyectos, experimentar más de 10 días sin voltear a ver el celular fue algo totalmente diferente a cualquier cosa que hubiera hecho antes.

Después de una semana ya sentía los efectos de la magia de la desconexión. Escuchaba mis pensamientos más claros que nunca. Mi voz interior estaba más conectada y se sentía más en sintonía con lo que quería. De repente noté que estaba desenterrando ideas y encontrando nuevas. Me sentía auténticamente yo mismo, y muy recargado de energía.

Sin querer entré a lo que llaman "espacio mental". En el diccionario está definido como un estado mental en el que el mundo es tu instrumento. Un espacio en donde los pensamientos pueden divagar y desarrollarse en formas que no habías visto antes. Y eso se estaba traduciendo en la necesidad de crear algo totalmente nuevo.

Una de las tantas pláticas que he tenido con mi psicóloga ha sido sobre mis siguientes metas y objetivos. En esa ocasión, lo primero que se me vino a la mente fue decirle que quería estudiar una maestría, pero en una universidad con el grupo y los compañeros más competitivos que pudiera encontrar. Me imaginaba algo así como Harvard, en donde todos se esfuerzan, estudian, compiten y destacan. Al final concluí la idea diciéndole: "Y quiero eso para ser yo el que obtenga 100 de calificación en todas las materias".

Cuando terminé de contarle esa meta y muchos otros proyectos más que tenía en mente, hasta yo mismo lo entendí: había un patrón. Quería lograr todas esas cosas no por satisfacción o por pasión, sino por reconocimiento. Algo pendiente fue buscar qué quería hacer genuinamente.

Fue muy diferente a lo que sentí el último día de mis vacaciones. No moría por ponerme a trabajar, pero sí moría por crear algo increíble. Y a diferencia de otras metas, no quería o no me importaba que me reconocieran por crear algo increíble, fuera lo que fuera. Lo que más deseaba era simplemente crear. Una app, una historia, alguna experiencia, tecnología. ¡Lo que fuera! Como decía Ernest Barbaric:

"Quería crear solamente por la felicidad de crear algo y compartirlo".

A la vez sentía una urgencia por no desaprovechar mi tiempo. Pensaba una y otra vez cómo podía utilizar esa sensación de tener la necesidad de crear algo increíble con la energía y los aprendizajes que había obtenido durante los últimos días.

Hay una entrevista de David Goggins, autor del libro *Can't Hurt Me*, en la que habla sobre una sensación similar. Hizo una pregunta: ¿Qué pasaría si vivieras toda tu vida de la manera en la que la estás viviendo en este momento? Y después cuando mueras, hablas con Dios y te pasa un pedazo de papel y te dice: "Esto es lo que se supone que tú ibas a ser, esto es lo que se supone que ibas a lograr. ¿Qué pasó?".

Estaba decidido a dedicarme a lo que vine a este mundo a hacer. Hace mucho tiempo que no me sentía inspirado de esa manera. Pero al mismo tiempo tenía miedo de caer en la misma rutina de antes, y definitivamente había cosas a las que no me emocionaba volver.

Agarré la primera hoja que vi en el hotel y empecé a anotar las actividades y proyectos que en ese momento no me atraían o que no me emocionaba seguir haciendo y los elementos de mi rutina que ya no se veían bien como para retomarlos. Del otro lado, anoté las partes de mi vida que sí moría por retomar.

Era hora de hacer ajustes. Y muchos.

Uno de los últimos shows que vimos, y mi favorito, fue *Harmonious*.

Exactamente a las 9:45 de la noche, en Epcot, las luces de todo el parque se apagan y las antorchas alrededor del lago se encienden. Es un lago especial llamado World Showcase, porque alrededor hay réplicas de varios países del mundo. Durante el día puedes visitar cada uno de ellos y sentir que realmente estás ahí. En París está la Torre Eiffel, más de 10 restaurantes, hay crepas y cafés. En Reino Unido puedes comer *fish and chips*. En Italia está la Plaza de San Marcos y la Torre de Pisa. Y en México puedes entrar a una pirámide gigante y comer tacos en una hacienda.

Cuando en la noche todos se reúnen en el lago, el mensaje es que independientemente de a qué país pertenezcamos, podemos unirnos como los habitantes del mundo que somos. Y ahí, en medio del lago, inicia uno de los espectáculos más inspiradores y tecnológicos que he visto en mi vida. Utilizan proyección en el agua, fuentes, luces, fuegos pirotécnicos impresionantes y unas plataformas robóticas gigantescas. Todo está sincronizado con la música y con una historia, esta vez, para celebrar cada país y cada idioma. Empieza por el Oriente Medio con un espectáculo con canciones como "Noches de Arabia" de *Aladdín*, y sigue con India, China, África, Europa, Latinoamérica y al final Estados Unidos, cada región con sus personajes y canciones más representativas.

Cuando tocó el turno de México, fue increíble ver cómo las luces, el agua y el cielo estaban llenos de escenas de *Coco*.

Al final, mientras la plataforma robótica se movía y proyectaba figuras armoniosas con agua y láseres en el cielo, y los fuegos pirotécnicos estaban en sus momentos más impactantes, empezó la canción "Algún día", de *El Jorobado de Notre Dame*.

> Algún día cuando seamos más sabios,
> cuando el mundo sea más viejo,
> cuando hayamos aprendido.
> Rezo para que algún día aprendamos a vivir
> y dejemos vivir.

Algún día, la vida será justa,
la necesidad será rara,
y la codicia no pagará.

Después de terminar junto con la orquesta y el coro en su máximo esplendor, una voz se escucha y dice: "De todas las canciones que escuchaste, esperamos que una se vaya contigo". Esa última canción fue la que se quedó conmigo.

Cuando ya todos estaban dirigiéndose a la salida del parque me recargué en el barandal y me quedé un largo rato viendo todos los países que estaban alrededor. En mi reflexión me preguntaba si sería cierto. ¿Alguna vez el mundo llegará a estar mejor?

Había esperado desconectarme durante esas vacaciones para olvidarme de todo lo que pudiera, pero lo que pensé es que me estaba volviendo a conectar con algo que verdaderamente llevaba varios años enterrado. Volvieron muchos recuerdos de diferentes etapas de mi vida.

"Para recordar quién eres, primero tienes que olvidarte de lo que otros te dijeron que eras", pensé.

Cada día que fui un estudiante universitario traté de dar todo de mí para hacer que cambiaran las cosas. Por eso había creado un grupo estudiantil llamado Voz Joven, porque sentía que había muchas cosas por hacer en mi universidad y en mi ciudad que nadie más estaba haciendo. Me inscribí en todas las actividades extracurriculares que pude porque sentía que, si yo formaba parte de ellas, podría aportar algo que los demás no podían. Cuando tuve la oportunidad de estudiar en Polonia, conocí a muchísimas personas que a mi edad estaban haciendo hasta lo imposible para hacer que su país saliera adelante, y lo estaban logrando. En Corea aprendí que los cambios económicos pueden ser rápidos. Y mientras hacía todo eso, había tenido un trabajo en el cual teníamos la oportunidad de mejorar la vida de muchas personas. Ahora con By the land, en mi propia empresa, estaba tratando de cambiar un gran problema y generando un gran impacto.

No quería que se me olvidara que detrás de todo hay un gran porqué.

Había algo que durante esos días me repetía a diario. Las palabras de John Wesley:

> Haz todo el bien que puedas.
> De todas las maneras que puedas.
> Para todas las personas que puedas.
> Durante todo el tiempo que puedas.

El mundo está lleno de problemas. Hay una cantidad enorme de personas en pobreza, sufrimos el cambio climático, problemas económicos, vemos maltrato animal, falta de educación y acceso a oportunidades, desempleo. Y la lista es infinita.

La buena noticia es que el mundo también está lleno de personas. Somos más de 7 000 millones. Así que solo bastaría con que cada quien escogiera las causas que le apasiona resolver para que todo empezara a mejorar. Y, sobre todo, que empezaran a participar.

Al final, el problema más grande que tiene el mundo es la falta de liderazgos que nos lleven por el buen camino. Si las personas que están a cargo de tomar las decisiones importantes en nuestro país no nos llevan por el camino correcto, tenemos toda la capacidad para elegir a los que sí.

La pregunta más importante en la que estaba pensando en ese momento, en el lago, era si una persona realmente puede cambiar el mundo. De todas las posibles respuestas, siempre termina siendo un gran sí.

Hay un pequeño poema de Edwin Oswood que lo explica muy sencillo:

Soy solo uno,
pero sigo siendo uno.
No puedo hacer todo,
pero aun así puedo hacer algo;
y porque no puedo hacer todo
no me negaré a hacer lo que puedo hacer.

Ser adultos no significa que no podamos volver a sentir la magia y la ilusión de un futuro mejor. Al contrario. No se lo deberíamos dejar solo a los niños. Que no se nos olvide soñarlo. Y que tampoco se nos olvide ser parte del grupo de personas que se encargan de hacer que suceda.

Así que, por más que veas problemas, siempre podrás ser tú la primera persona que pueda empezar a buscar las soluciones. Y hacerlas.

12

TRABAJO INTELIGENTE

Tuve que ser muy franco y realista conmigo mismo. Estaba haciendo mucho. Quería hacer cambios.

Me fijé en que los profesionales, que por lo menos yo veo allá afuera, no parecen estar distraídos en cientos de proyectos. Los cantantes se concentran en lanzar un disco al año, o incluso menos; un director de cine no puede dirigir más de una película a la vez, y los emprendedores en Silicon Valley pasan día y noche enfocados en una sola empresa. Como si fuera coincidencia, el día que regresé de mis vacaciones en el avión venía escuchando un pódcast de Adam Grant, uno de mis expertos en comportamiento organizacional favoritos. En el episodio estaba platicando que cada vez que va a escribir un libro, configura un mensaje automático en su correo electrónico y desaparece por meses.

Cuando llegué a mi casa dejé mi maleta y mi mochila, saqué mi iPad y abrí mi libreta digital con el título "Metas AA".

"Okey, ¿qué de todo lo que haces te va a llevar a cumplir estas metas?"

Para ese momento me dedicaba a grabar episodios para mi pódcast cada domingo, había recuperado la rutina de grabar tres videos diarios para TikTok, tenía mi club de las cinco de la mañana al que me conectaba frecuentemente, intentaba tomarme fotos *aesthetic* cada semana para poder publicarlas, escribía frases y *tweets* para no abandonar esa plataforma y para verme activo, grababa *stories*, escribía en mi *newsletter* y en mi blog, tenía mi agenda abierta a consultorías y mentorías, aceptaba campañas, mínimo una vez a la semana era parte de algún evento para dar una conferencia o una plática, seguía teniendo entrevistas con medios increíbles, firmaba libros cada semana y los seguía enviando, y, por si eso pareciera poco, trataba de ajustarlo para que todo eso me tomara el menor número de horas posibles para poder dedicar la mayor parte de mi tiempo y energía a lo que más me importaba: mi empresa.

No me daba cuenta de que cuando por fin me sentaba y trataba de concentrarme en los asuntos de By the land, aunque sí tuviera tiempo, ya no tenía energía mental.

Puede sonar contradictorio a mi manera de pensar de que podemos reinventarnos e intentar muchísimas cosas que nos gustan. Sí, pero nadie puede con todo al mismo tiempo.

Muchos dicen que siempre tienes que actuar como si dispararas miles de flechas al mismo tiempo y una, tarde o temprano, tendría que darle al centro del tiro al blanco. Pero hasta la analogía está mal. ¿Qué arquero puede lanzar cientos de flechas al mismo tiempo? Exacto. Ninguno.

Una cuenta en Instagram que empecé a seguir hace poco es @visualizevalue. Cada día, con muy pocas líneas y un diseño minimalista, te hacen ver y sobre todo pensar en verdades universales de las que es fácil olvidarse.

Hubo una publicación que mostraba diferentes gráficas de barras, unas 10 o 15, representando todo lo que hacemos en el día y haciendo referencia a que hacemos mucho de todo y avanzamos poco en cada una de esas cosas. Y del otro lado, en comparación, estaba una gráfica con una sola barra, considerablemente más alta que las otras. El mensaje era claro. Enfócate en muchas cosas y sí avanzarás, pero poco. Enfócate en una sola meta dedicando la totalidad de tu esfuerzo, y el crecimiento será exponencial.

Yo era la primera gráfica.

De hecho, en el libro *Una sola cosa*, de Gary Keller, el autor prácticamente te explica que no debería de existir la palabra *prioridades*, porque al ser una palabra en plural, el sentido y significado real de *prioridad* se pierde completamente. Es decir que cuando tienes muchas prioridades, en realidad no tienes ninguna.

En mi mente, desde que tengo memoria, estaba el famoso mantra "No pain, no gain", si no sufres, no ganas. No es posible que muchos nos lo creímos. En ese momento lo deseché y lo dejé ir. Lo cambié por "Work smarter, not harder". A partir de ahí, en lugar de trabajar más, tenía que trabajar de manera inteligente.

No quería quemarme haciendo cosas que tal vez sí me gustaban, pero que en el largo plazo no tenían sentido porque no se puede hacer todo al mismo tiempo. La tarea era decidir cuáles.

Hay una entrevista entre John Assaraf y Lewis Howes en la que hablan sobre cómo sus mentores los han guiado precisamente para escoger sus metas y lo que sí valía la pena. Uno de ellos cuenta que, en una ocasión, mientras le contaba sus planes a uno de sus mentores, al final este solamente le preguntó: "¿De todas estas metas, dime cuáles *te interesa* cumplir y dime con cuáles estás *altamente comprometido*?"

Y se quedó pensando. Entonces el mentor le dio la explicación: "Si solo te interesa cumplirlas, encontrarás excusas, se te ocurrirán historias, razones y circunstancias para no llevarlas a cabo. Pero con las metas que estás altamente comprometido, harás lo que sea necesario para cumplirlas".

Tal vez esa es la razón por la que 93% de las personas no cumple sus propósitos de Año Nuevo. No se detienen a pensar con cuáles de sus objetivos están realmente comprometidas y se llenan de metas que solo les interesan.

No fue fácil. Pero tuve que empezar a cerrar y a decir que no a la mayoría de lo que hacía. Cuando no sabía si era lo correcto, o me preocupaba que en el futuro me podría llegar a arrepentir, me imaginaba un escenario en donde solo podía elegir una cosa. Mi empresa, o la actividad o proyecto que no quería dejar ir. Y la respuesta siempre era obvia.

Decidí guardar el micrófono y no grabar ni un episodio más del pódcast por algunas temporadas. De todas formas, el contenido que ya estaba publicado quedaría disponible para quien quisiera escucharlo. Y me dejaba tranquilo que ya había muchos consejos y valor en ellos.

Decir adiós a mi club de las cinco de la mañana también fue difícil. Para ese momento habíamos creado una comunidad increíble de personas y cada vez éramos más cercanos. Además, el club me dio ánimos y esa rutina me hizo salir adelante en compañía cuando más lo había necesitado. Sin ellos, no hubiera tenido el compromiso y la constancia. Yo le atribuía los éxitos que había estado teniendo a la "vibra de las cinco", así le llamábamos a lo que cada uno estaba experimentando en su propia vida, porque a todos nos había empezado a ir mejor y siempre compartíamos esas historias al final de nuestras llamadas. El último día me tardé horas escribiendo la despedida. Me llegó la nostalgia del tiempo y la energía depositada en ese proyecto. Pero sabía que era la decisión correcta.

Nunca me había pasado que dejara ir tantas cosas que sí me llenaban y me gustaban y me hacían un bien, pero al mismo tiempo, para el largo plazo, me hacían mal porque no era lo que me iba a llevar a lo nuevo que quería.

Por último, hablé con mi equipo personal. Primero con Arturo, que con la ayuda de una agencia organizaba el calendario semanal de entrevistas con medios de comunicación. Y en segundo, con Paola, que me ayuda con todo lo relacionado con relaciones públicas y conexiones en el ecosistema del emprendimiento. Había muchas invitaciones a proyectos, colaboraciones y campañas. Con ambos acordamos que serían meses sin nada en mi agenda.

Por primera vez me sentí libre de compromisos en los que tenía que depositar energía e ideas. Ahora sí, estaba listo para enfocarme en una sola cosa, en lo que más me importaba.

Descubrí que me concentraba más en las juntas cuando en lugar de estar sentado frente a mi computadora, tomaba mi celular, mis audífonos y salía a caminar. Y durante esos días lo hice y mucho. Tuve llamadas con mis diferentes amigos emprendedores y empresarios. Quería escuchar distintas maneras de trabajar inteligente, en el ámbito personal y en lo profesional, dentro de sus empresas y sus equipos.

Un día, cuando iba de regreso caminando a mi casa, vi una notificación en el grupo de socios que tenemos. Maryell nos estaba proponiendo invitar a cenar a Mikel, el esposo de su hermana. En España, es CEO y cofundador de Ludus Global, una empresa de realidad virtual que ha ido creciendo a lo largo de los años.

Sin pensarlo respondimos que sí. En una ocasión ya habíamos tenido un *zoom* con él para escuchar su experiencia con inversionistas, pero eso había sido casi un año atrás. Todo había cambiado desde entonces.

En la noche, llegué cinco minutos antes al restaurante italiano en donde quedamos de vernos y aproveché para repasar algunas preguntas que tenía preparadas.

Cuando todos estaban ahí, pedimos pizza, pasta y un *carpaccio* de atún para acompañar la gran plática, que acabó siendo una mentoría. Mikel nos contó qué hacía y cuál era su rol y la dinámica de trabajo con su equipo. Ese tipo de conversaciones son las que me dan curiosidad. En mi iPad estaba anotando cada detalle y haciendo dibujos de cómo era su organigrama, cómo eran sus juntas, cómo determinaban objetivos y la manera de hacer el trabajo diario.

Por las miradas y expresiones de Fernando y Maryell, puedo decir que compartían la misma sensación que yo. En los siguientes días íbamos a cambiar muchas cosas en la cultura del equipo.

Mikel no nos hizo tantas preguntas porque seguro entendía en qué etapa nos encontrábamos y qué era lo que necesitábamos. Varias horas después, el consejo final que nos dio fue que apartáramos un fin de semana en nuestras agendas para que nos encerráramos en alguna cabaña o alguna sala de juntas por varios días. De ahí, de estar pensando juntos horas y horas seguidas, saldría la visión y los planes para los siguientes años de la empresa.

Nos pareció la mejor idea, y eso fue exactamente lo que hicimos. Encontramos el fin de semana libre y más cercano entre nuestros tres calendarios y agendamos nuestro retiro creativo, estratégico y visionario.

Evaluamos diferentes lugares y ciudades, y elegimos un hotel en Monterrey. Llegamos un viernes, dejamos nuestras cosas y nos fuimos directo a una de las salas de juntas que teníamos apartadas para nosotros durante todo el fin de semana. Había solo una gran mesa, conexiones, café, té y *snacks* saludables y un pizarrón con plumones. Todo lo que necesitábamos.

Poder volver a pasar horas juntos para dedicarnos 24/7 a nuestra empresa de manera intensiva, por varios días seguidos, fue una experiencia completamente diferente a hacerlo por medio de una pantalla. No sé por qué, pero yo ya no aguanto una junta virtual de más de una hora sin sentirme cansado, drenado y desesperado por desconectarme para hacer otra cosa más.

Pero ahí, en persona, podían pasar horas y la energía y las ideas seguían llegando.

Con el tiempo, fuimos descubriendo y aterrizando temas como los siguientes productos que queríamos lanzar, cómo queríamos que By the land se viera en un futuro a corto y largo plazos, cuál sería nuestro rol en ese futuro y qué nos veíamos haciendo. También tomamos algunas decisiones con respecto al equipo y objetivos.

Mikel tenía razón. Era lo que necesitábamos hacer.

Esto podría parecer tradicional y anticuado, pero uno de mis sueños es poder tener todos los días, o por lo menos una vez a la semana, juntas creativas como esas con todo mi equipo. Los resultados, como lo estaba comprobando, siempre son buenos. Y aunque By the land lo conforman personas de diferentes ciudades y seguro pronto habrá de diferentes países, sé que encontraremos la manera de hacerlo.

Al siguiente mes de nuestro retiro creativo rompimos el récord y tuvimos la semana más alta en ventas, la mejor desde que habíamos iniciado. Y nuestra organización cambió (otra vez). Ahora estamos utilizando la metodología de los OKR, que significa objetivos y resultados clave basado en el libro *Mide lo que importa*, que había leído antes. Al equipo ingresó la primera persona experta en crecimiento y con la ayuda de todos definimos cuáles eran nuestros objetivos para llegar a lo que queríamos.

Fue importante también determinar otras prácticas, como saber delegar, tomar decisiones con base en los datos, y entrevistas a nuestros clientes actuales para saber qué querían ellos.

Empezamos a automatizar más procesos, determinamos los indicadores más importantes, incluimos la nueva política de vacaciones ilimitadas para todo el equipo y, como no todo debe ser trabajo, integramos en las reuniones de los lunes de todo el equipo preguntas sobre cómo nos había ido el fin de semana.

Todos estábamos muy conscientes de cuáles eran los números y en dónde estábamos. Pero también muy enfocados en lo siguiente que venía y que nos tocaría día a día alcanzar y construir.

No solo quería trabajar inteligentemente dentro de mi empresa. También quería hacerlo como persona. Si tú no funcionas, tus metas tampoco lo harán.

En mi *journal*, me hice algunas preguntas sobre cómo me sentía y qué me faltaba. Escribiendo, llegué a dos grandes respuestas. Tal vez lo había estado pensando por semanas o meses, pero como no lo había puesto en papel, no lo había entendido.

Tu mundo exterior realmente es un reflejo de tu mundo interior. Cada uno ve el mundo desde su propia historia y sus propias vivencias. Así que ahí me di cuenta de que quería descubrir y conocer mis creencias y limitaciones personales. Todos las tenemos. Y en cada persona son muy variadas y diferentes.

Es como siempre lo dijo Henry Ford: "Tanto si crees que puedes, como si crees que no puedes, en ambos casos tienes la razón".

Me puse a hacer una lista de lo que pensaba de algunos temas, como el dinero, el éxito, los amigos, el trabajo, las empresas y la familia. No fue un ejercicio que tomé a la ligera. Me di el tiempo para hacerlo lo más profundo posible, y comprendí que en mi subconsciente había conclusiones a las que ni siquiera sabía que había llegado.

En un pedazo de mi hoja había escrito, por poner un ejemplo, que yo pensaba que las personas exitosas normalmente trabajan mucho, tienen dinero, pero están solas. También escribí algunas memorias sobre comentarios que llegué a escuchar de niño, o mientras crecía, sobre el dinero mal habido de alguien, o que tal persona había conseguido una fortuna, pero estaba en malos pasos, e historias por el estilo.

Y así seguí haciendo el ejercicio con cada tema. Estaba sorprendido, porque nunca me había sentado a exprimir mi cerebro y mi mente hasta que sacara todo lo relacionado con una palabra o un tema. Pero estaba aún más sorprendido por lo que había estado haciendo por años.

En primer lugar, yo estaba en un camino persiguiendo el éxito, pero, por el otro lado, mi subconsciente traicionándome y poniéndome barreras mentales para protegerme de trabajar mucho y estar solo, porque yo le hice creer, sin darme cuenta, que así es el éxito. ¡Me estaba autoboicoteando! Y también quería ganar más dinero, pero mi subconsciente me protegía contra eso para no sentir que estaba dando malos pasos o haciendo lo indebido o ser mal visto, ya que por años eso escuché del dinero. Además, me percaté de que al ser un tabú de conversación, también lo estaba haciendo un tabú conmigo mismo, y estaba evitando el tema financiero.

Es malo para todos que el dinero sea un tabú. Es incómodo decir cuánto ganas, cuánto gastas, cuánto debes o cuánto tienes ahorrado. Hasta en las mejores amistades no siempre se dicen la verdad y no es normal que las parejas antes de casarse hagan un Excel para comparar cuánto gana cada quién (lo cual es extraño ya que van a iniciar un proyecto de vida juntos).

De hecho, cuando en By the land alcanzamos la meta de ventas de un millón al mes y yo empecé a publicar las estadísticas en mis redes sociales, tuve una lluvia de mensajes de amigos y familiares diciéndome que por qué publicaba cuánto ganaba.

Yo lo veo de otra manera. De hecho, hay una tendencia en internet que se llama "construye en público", en donde los emprendedores, artistas y personas que en general están creando algo comparten sus preocupaciones diarias, sus consejos y cuánto dinero generan y cómo. Prácticamente lo comparten todo, crean comunidad y no hay miedo de hablar.

En el pasado era totalmente impensable la idea de hacer un video detrás de cámaras o de cómo se hace algo que vendes "porque tenía que ser secreto". Ahora hasta nos da desconfianza una empresa que no muestra sus procesos.

Quería quitarme esa larga lista de creencias y limitantes que tenía. El primer paso fue descubrir cuáles eran, y el siguiente sería reformularlas.

Norman Vincent dijo: "Cambia tus pensamientos y cambiará tu mundo". Así que agarré mi computadora, abrí un nuevo documento en Word y me puse a escribir mis nuevas definiciones de lo que significaba ser exitoso, de lo que pensaba del dinero, de las relaciones, del trabajo, de las amistades y de todos los otros temas. Sabía que, si repetía esas nuevas definiciones en mi mente constantemente, como si fueran mantras, reprogramaría lo que ya había estado tóxicamente pensando por años. Y terminaron siendo como afirmaciones.

"Las personas exitosas son felices, están rodeadas de personas que las quieren, tienen dinero, son parte de proyectos increíbles y se reinventan todo el tiempo", escribí. Y así lo hice con cada uno de los temas con los que me sentía incómodo, o que sentía que me estaban limitando.

Así estaba arreglando mis pensamientos, o como le llaman: "el mundo invisible". Pero eso construye el mundo visible.

Ahora casi todos los celulares tienen un medidor del tiempo que pasas en pantalla cada día. Creo que todos creemos que es menos de lo que en realidad es. Al menos a mí me pasa que los domingos, cuando me llega la notificación con el promedio de horas diarias, quedo completamente incrédulo. ¡¿Cómo que cuatro, cinco o seis horas?! ¡Y empiezo a imaginarme lo que pude haber hecho con ese tiempo! No solamente pasa con el tiempo. Hay muchos videos y memes en internet que tratan de hacer una burla de la situación cuando piensas que tienes dinero en el banco, según tus cálculos, abres la aplicación y ves que estás en ceros.

Luego de ignorarlo por mucho tiempo, me puse a arreglar mis finanzas personales como nunca lo había hecho.

Hay un dicho en política que dice: "Enséñame tu presupuesto y te diré fácilmente cuál es la prioridad de tu gobierno". Cuando instalé una aplicación que automáticamente categoriza tus gastos, me quedé sin saber qué pensar o decir. Mi dinero se estaba yendo en cosas que para mí no eran importantes. Además, ni siquiera estaba ahorrando ni invirtiendo nada.

No quería que eso siguiera de esa manera porque algo me decía que, si dejaba que el tiempo pasara, en el futuro me arrepentiría. Y qué mejor momento que en mis veintes para terminar de arreglar algo como el dinero y alinearlo con mis metas. Al final siempre he tenido en mente que para mí no es el fin, sino más bien un miedo precisamente para cumplirlas.

Me acordé de una anécdota que siempre nos repetía una y otra vez mi exjefe, el alcalde. Tal vez en ese entonces no le puse atención porque era un estudiante. Nos contaba que cuando era joven y se fue a vivir a Austin, llegó allá a trabajar a General Electric. Cuando empezó a hacer amigos en el trabajo y comenzó a convivir más con ellos, le preguntaban por su presupuesto personal. Se percató de que era un tema muy común de platicar entre las personas de allá. Y hasta después de convivir con personas que lo hacían, él lo empezó a aplicar también.

Ahora me hacía sentido. Se me prendió el foco y decidí que yo también quería tener un presupuesto personal con el cual pudiera determinar cuánto gastar y en qué. Sobre todo después de analizar que por años había estado gastando en cosas que no eran mi prioridad.

Mientras lo hacía, recordé la frase que tanto me repetía para otros ámbitos de mi vida: "Falla al planear, planearás fallar".

Muchas personas piensan que hacer un presupuesto personal es tardado y requiere de mucho trabajo. Yo no quería irme al extremo, ni diseñar un sistema en el que me iba a obligar a alimentar complicadas tablas de Excel, diagramas confusos ni estar todo el día a todas horas registrando cada centavo que me gastaba. Así que lo hice simple y sencillo.

Hay muchísimos videos y conferencias que explican el gasto hormiga tratando de hacerte entender que no deberías de gastar en café, ni en comida, ni en viajes, ni en experiencias, ni en nada. Claro que caí muchísimas veces en ese pensamiento. Fueron incontables las veces que apreté mis finanzas para poder llegar a un gasto de prácticamente cero. Tampoco quería convertirme en una persona tacaña e infeliz por no permitirse lo que le gusta, así que empecé a hacer balances. Había cosas que sí podía quitar, algunas reducir, otras se quedarían, pero siempre y cuando también cubriera lo que llevaría a cumplir mis siguientes metas.

¿En qué quería gastar y en qué no? ¿En qué era inteligente hacerlo y en qué no? Así determiné porcentajes y los fui cambiando hasta sentirme a gusto.

Se puede ser financieramente responsable al mismo tiempo que inviertes en ti, en lo que te gusta y en lo que te hace crecer.

El día que terminé mi presupuesto, quedaban todavía varias cosas por hacer.

Durante años también había leído que los empresarios invierten en la bolsa, que se arriesgan, que compran acciones, compran divisas, utilizan el interés compuesto, adquieren

NFT o criptomonedas y que siempre tienen su dinero en movimiento.

Yo no era un experto en eso y no lo estaba haciendo, ni siquiera tenía una cuenta para ahorrar. Así que me puse a investigar todos los instrumentos financieros para mover el dinero. Estaba decidido a conocerlos todos para poder utilizar mejor el mío. Por un corto periodo de tiempo, los fines de semana me inscribí a cursos, descargué aplicaciones y hablé con amigos que se dedican a eso.

¿Qué estaba buscando? Ahorrar, pero de manera inteligente. Invertir, pero al mismo tiempo sentir paz. Como en todo, saber lo que estás buscando ahorra pasar por muchos caminos de cosas que no quieres.

Compré algunas acciones, en las que sé que, aunque no quiera, hay riesgo. Compré algunas criptomonedas. Pero lo que más me gustó fue que abrí tres fondos o cuentas de ahorro, en los que el dinero se invierte y va creciendo con el paso de los años. Un fondo para cuando tenga 35, otro para cuando cumpla 50, y otro para cuando cumpla 65. Cada mes se descuenta de mi tarjeta una pequeña cantidad para cada uno. Sé que puede sonar exagerado, pero hay días en los que sí me pongo a pensar en cómo quiero vivir cuando tenga esa edad. Y qué mejor que empezar desde ahorita. Hoy una de las cosas que me da una cantidad enorme de paz es saber que, independientemente de lo que gaste en lo demás, como libros, cenas, vacaciones, equipo o lo que sea, sé que también está esa cantidad que se va para cuando alcance esas edades. Sobre todo me emociona saber que esa cantidad crece constantemente por sus propios intereses.

Sé que mi futuro yo en algún punto estará muy agradecido con las decisiones financieras que tomé en ese momento.

Me declaro culpable.

No pude rechazar o decir que no a dos de las invitaciones que se me presentaron en el camino. Fueron las únicas a las que mi respuesta fue un sí. La primera fue a un grupo de personas con las que me sentía completamente identificado. Por primera vez desde hace más de un año y medio estaban volviendo las clases presenciales en las universidades. Fui afortunado de estar en mi ciudad cuando me avisaron que en mi campus tendrían un evento que no me podía perder. Era el día de introducción a los estudiantes registrados en actividades extracurriculares. Además, solo invitaron a dos personas: al clavadista olímpico y diputado Rommel Pacheco y a mí.

No había un lugar en donde me sintiera más cómodo. Estaba rodeado de un auditorio lleno de personas que, por iniciativa propia, habían decidido dar más de su tiempo para involucrarse en actividades extracurriculares. Sé que algunos de ellos veían que el país podía estar mejor o su universidad podía estar mejor, y decidieron hacer algo al respecto.

Mientras una alumna estaba leyendo mi currículum y trayectoria, mi mente estaba en otro lado. Tuve un *flashback*, muy vívido y real. Varios años antes yo había estado sentado, en cientos de ocasiones, en el mismo lugar en el que ahora estaban todos los estudiantes, muchas veces para eventos académicos, pero la mayoría de las ocasiones emocionado por escuchar conferencias de personas que admiraba y de las que aprendía como loco. En ese mismo auditorio escuché a los más grandes personajes notables y reconocidos del país. Siempre con mi mochila, mis libretas y mis plumas, apuntando todo lo que decían, y descubriendo, en cada plática, que había un mundo mucho más grande del que entonces conocía.

Escuché los aplausos. Regresé al momento. Subí las escaleras para el escenario y apreté el micrófono. Ahí parado, con mis pantalones azules, un suéter gris claro y mis lentes, tuve un momento de inspiración. Haberme acordado de mi tiempo como estudiante había hecho que en mi mente aparecieran miles de ideas extra a las que llevaba preparadas en mis diapositivas.

Empecé contando un poco de mi historia. Y, sobre todo, contando lo que pasa detrás de cámaras, que nadie se da cuenta, y los consejos que a mí me hubiera gustado saber antes de empezar. Luego de haber pasado más de un año y medio sin ver un auditorio, me sentía con todas las intenciones de compartir todo lo que sabía para que los que estaban ahí sentados lo aprovecharan y lo mejoraran para lograr lo mismo y mucho más.

Antes de terminar me senté en la orilla del escenario. Tomé un respiro y me tranquilicé un poco. Quería contarles algo más personal, algo que realmente me hubiera gustado que me dijeran cuando estaba en mis primeros semestres. Entre todas las cosas que se me venían a la mente, elegí la más importante:

> Saben... A pesar de que empecé muchos proyectos y me involucré en todo lo que pude, lo único que me faltó fue dejar de esperar algo para tomármelo aún más en serio y ser más intenso con lo que quería. Ser estudiante no significa que no pudiera empezar desde ahí lo que quería para el resto de mi vida. Por otro lado, sé que empezar proyectos e iniciativas por tu cuenta significa meterse en todo tipo de problemas y complicaciones. Pero les aseguro que vale la pena. Además, meterse en problemas es la única manera de hacer que verdaderamente cambien las cosas.

Hoy en día me repito a mí mismo ese consejo todavía. Lo que haga o no haga hoy, y a lo que le dé la seriedad y formalidad que necesita, será lo que tenga resultados o no, en los siguientes años de mi vida.

Nadie debería de esperarse para ser el protagonista de su vida ni esperar nada para cumplir su propósito. Así que no esperes ni al viernes. Ni al indicado. Ni a quien se fue. Ni a quien no quiso. Ni a quien aún no eres. La vida está sucediendo aquí y ahora. No la desperdicies.

Con esa idea terminé mi conferencia.

Después siguió la sección de preguntas y respuestas. "Entre todo lo que haces, ¿qué es lo que más te apasiona o por qué lo haces?", alguien preguntó.

No me esperaba la pregunta, pero mi mente empezó a trabajar aceleradamente buscando la respuesta. Fue como consultar una carpeta mental llamada "Mi porqué". Un microsegundo después, cuando encontré la respuesta, sonreí y empecé a hablar.

"Cambiar las cosas", respondí. Como dice Obama, podemos elegir vivir cada día viendo el mundo, no como es, sino como *debería* ser. Y hay millones de maneras de hacerlo. Algunos van a emprender, otros van a crear arte, otros van a ser parte de organizaciones no gubernamentales para luchar por causas, otros van a buscar un trabajo en algún lugar donde tengan una visión inspiradora para cambiar el mundo, otros van a lanzarse por un cargo público, y la lista es infinita.

Al terminar la ronda de preguntas les di las gracias, nos tomamos algunas *selfies* y nos quedamos en algunas pláticas pequeñas con las personas que querían más consejos o platicarme qué proyectos tenían.

Al final regresé a mi carro, pasando por los edificios y pasillos en los que tanto había caminado cuando tenía 19 años. En ese entonces no sabía nada de lo que quería ni cómo sería mi futuro. Era como pasar por un lugar histórico, no de la historia universal, sino de mi propia historia.

De repente volví a conectar con la misma sensación que había tenido en ese entonces. Emoción por lo desconocido, y por todo lo que me esperaba de ahí en adelante.

La segunda oportunidad que no rechacé fue una invitación del INCmty, el festival más grande de emprendimiento en Latinoamérica, para entrevistar a Darin Olien, autor del libro *Superlife*, experto en salud y bienestar, promotor de las *superfoods* (igual que yo) y productor del documental de Netflix *Zac Efron: Con los pies sobre la tierra*. ¡Hasta agradecí que me tomaran en cuenta!

Vi su documental otra vez, leí su libro lo más rápido que pude, vi sus entrevistas pasadas y preparé las mejores preguntas que se me ocurrieron. Ocasiones como esas eran importantes. No siempre tienes la oportunidad de hablar uno a uno con alguien de su talla y con tanta experiencia en la misma industria que la tuya.

El día de la entrevista me conecté desde un espacio en WeWork en el que había estado trabajando esa semana, e hice todas las preguntas que pude. No fue nada extraño que algunas de ellas estuvieran enfocadas en conocer su rutina y la manera de organizarse.

Uno de los más grandes aprendizajes que por lo menos yo obtuve de esa plática fue que una buena vida es una vida balanceada. Y me recordó lo importante de la alimentación para poder completar mi objetivo de trabajar de manera inteligente.

"Tienes que prometerme que algún día harás un documental —me dijo Darin—, lo quiero ver en Netflix." Solo recuerdo haber volteado nervioso a la cámara. "Claro que sí", le dije riéndome.

Cuando me desconecté, y traté de volver a lo que estaba haciendo, me di cuenta de que estaba distraído. Me ganaba la sensación de agradecimiento y sorpresa. Me sentí afortunado por todo lo que estaba viviendo. Saqué un post-it, que era lo único que tenía a la mano, y anoté: "Jamás olvides lo impresionante que empieza a pasar cuando tomas las decisiones que para ti son las correctas".

13

LAS VIBRAS NO MIENTEN

No creo en la suerte, pero era mucha coincidencia. Fernando, Maryell y yo habíamos ido a cenar comida tailandesa. Yo pedí un rico *pad thai* y cuando terminé me llevaron una galleta de la fortuna. La abrí y decía: "El mejor de los viajes siempre es el próximo". Yo ya tenía todo preparado para irme la siguiente semana.

En Twitter seguía a muchos cofundadores y emprendedores de todas partes y llevaba varios meses viendo que publicaban que se estaban mudando todos a la misma ciudad porque decían que estar ahí los llenaba de energía y ambición. Empecé a ver que se reunían y de hecho hasta abrieron un espacio de *networking* en el que se juntaban para compartir experiencias y consejos.

Ahora que estaba planeando cambiar tantas cosas de mi vida y de mi trabajo para que todo funcionara mejor, no me quería quedar atrás. Necesitaba contagiarme de esa energía y ambición, y además sabía que también encontraría muchas ideas, creatividad y pasión. Y a quién quería engañar, toda mi vida había querido ir a Nueva York, la ciudad en donde todo es posible y en donde todos llegan a ser lo que sueñan si son lo suficientemente valientes para perseguirlo.

Esta vez no eran vacaciones. Al contrario, lo que buscaba era trabajar mejor. Así que no tuve que prepararme para dejar a mi equipo ni adelantar juntas ni pendientes. Todo lo que hacía en mi casa o en mi oficina fácil lo podía hacer desde cualquier parte del mundo.

Así que me fui con mi mochila, mi pequeña *carry-on* y mis libretas a una nueva aventura.

Al aterrizar no sabía ni por dónde empezar. Honestamente, para ese viaje en específico no me había preparado tanto. No había hecho ni una lista de lugares por visitar y ni siquiera sabía la ubicación de donde me iba a quedar. Solo quería dejarme llevar y disfrutar con tranquilidad mientras compartía la experiencia de trabajar desde allá.

En el aeropuerto, antes de comprar mi tarjeta para el metro, vi un letrero que decía que ya no era necesario porque todo el sistema público de transporte, metro y autobuses funcionaba con Apple Pay. No me lo creía y me subí para comprobarlo; en efecto, pude pagar solamente acercando mi celular y la puerta se abrió en menos de un segundo. Después descubriría que el 100% del metro y también los autobuses en las calles tienen integrada esta tecnología. Me encantaba.

Cuando llegué a mi habitación me di cuenta de que estaba en la Octava Avenida. Estaría en medio de todo. A dos cuadras a mi derecha estaba Central Park. A cinco cuadras a mi izquierda tenía Times Square. Una cuadra hacia atrás, Broadway. Y tres más atrás, la Quinta.

Llegué cansado por las horas de vuelo, así que me pareció una buena idea simplemente salir a caminar para conocer Times Square, sentarme a cenar un hot dog por ahí y descansar.

Lo que no sabía era que hasta eso sería impresionante. Para empezar, en mi camino me topé con el teatro donde grababan *The Late Show* con Stephen Colbert. Seguramente estaban grabando una entrevista con algún artista importante porque estaba lleno de camionetas y seguridad.

Entre más avanzaba veía más luces y más teatros. Ahí estaban muchos de los musicales que tanto había visto una y otra vez en videos, como *El rey león*, *Wicked* y *El fantasma de la Ópera*. Quería verlos todos.

En la imagen mental que tenía de la ciudad, los edificios altos estaban en el centro o el área de negocios. No me esperaba que prácticamente todo Manhattan consistiera en edificios altísimos, unos tras otros.

No sé qué cara puse cuando entré a Times Square. Era de noche, pero ahí, con las luces de todas las pantallas, parecía de día.

Las vibras no mienten. Apenas acababa de llegar y ya no me quería ir. Todo se veía igual que en las películas e incluso mucho mejor. Las luces, los edificios, el humo saliendo de las calles, la música. El cansancio desapareció y me desvelé simplemente ahí sentado, cenando y contemplando.

La mañana siguiente era domingo. Me fui a Ground Coffee, que me quedaba muy cerca. Había leído que ahí era muy frecuente que se reunieran personas creativas que estaban terminando algún libro o algún *script* para alguna película. Por eso se convirtió en uno de mis favoritos para trabajar y de vez en cuando compartir alguna plática con alguien. Pero ese día en particular terminé lo que tenía que hacer más rápido de lo normal. Estaba demasiado emocionado. Había encontrado un boleto para ir a ver *Hamilton*, mi musical favorito.

Ya lo había visto muchas veces en Disney Plus y había leído su biografía. Y varias horas antes había estado dudando si comprar un boleto o no. Pero como me dijo una amiga, jamás va a ser lo mismo verlo en video a verlo en vivo. ¡Y tenía razón! Dos horas después estaba sentado en uno de los mejores lugares del teatro Richard Rodgers.

La lista de razones por las que es mi musical favorito es enorme. En resumen, es la historia de cómo alguien que venía de una isla inglesa en 1770 lo perdió todo de niño, incluyendo a su familia, y cómo creció y llegó a Nueva York para unirse a la revolución, convertirse en la mano derecha de George Washington, ser uno de los padres fundadores y el primer secretario del Tesoro de Estados Unidos. Para cualquiera sonaría como si fuera un musical aburrido de historia. Pero Lin-Manuel Miranda fue un genio para escribir la historia en versión hip-hop, lo que hizo que se convirtiera en el favorito de Broadway y de todo el país.

Fue un gran golpe de energía. Y una gran dosis de inspiración al recordar cómo, si tienes la determinación y el coraje de perseguir lo que te llama, puedes lograr lo que sea que te propongas.

Son demasiadas las líneas de las canciones con las que me siento identificado. Empezando desde la primera con la que inicia el show:

> Mi nombre es Alexander Hamilton,
> y hay miles de cosas que aún no he logrado,
> pero solo espera.

Desde que llegó al país buscó la mejor educación posible, se rodeó de bibliotecas y libros, se formó una opinión y se relacionó con las personas más importantes en ese tiempo.

> No voy a desperdiciar mi oportunidad.
> Soy exactamente como mi país,
> joven, fuerte y ambicioso.

Diferentes personajes a lo largo del musical se preguntan cómo Alexander está permanentemente subiendo sin parar una montaña hasta la cima. Lo llaman un *non-stop*, nunca paraba.

La historia termina a sus 47 años, cuando murió en un duelo con el vicepresidente. Y su esposa contó por el resto de su vida la historia de su marido para que jamás fuera olvidada.

> Cuando ya no estás, ¿quién recuerda tu nombre?
> ¿quién mantiene tu flama?
> ¿quién cuenta tu historia?

Además de ser un gran ejemplo de valentía que me inspira, cada vez que lo vuelvo a ver y cuentan todo el contexto histórico, me quedo pensando: "¿Qué pasó en México?".

En 1776 fue la independencia de Estados Unidos. En 1789 se aprobó la primera Constitución y el primer presidente tomó protesta. Inició un nuevo gobierno que hasta la fecha sigue vigente prácticamente con las mismas reglas y procedimientos que marcaron esa Constitución. Durante el paso de la historia, han tenido 45 presidentes bajo el mismo sistema de gobierno, congresistas y jueces. En México, casi 30 años después fue nuestra independencia, pero aun con el ejemplo que ya teníamos, se designó a un emperador, no a un presidente. Después sí hubo presidentes, después otro emperador. Después presidentes, que en total suman 140, porque muchos fueron asesinados, otros duraban meses y otros incluso décadas.

Sé que los contextos y los factores son totalmente diferentes, y no quiero decir que en Estados Unidos sean mejores, pero si algo podemos aprender es que se toman muy en serio lo que hacen. Cualquier cosa que construyen, lo planean para que dure y prevalezca a través del tiempo. Está el ejemplo del gobierno, pero también el de las empresas. Las más antiguas son de la misma época, entre 1780 y 1800, como el banco JPMorgan, la marca de chocolates Barker o la empresa de químicos DuPont.

Caminando por la calle, varios días después, entre muchas de las frases que están pintadas en el piso, me encontré con esta: "Las cosas que duran se construyen lento. Y es mejor lento y sólido que rápido y frágil".

Salí del teatro y me fui directo a la puerta de los camerinos. Quería ver si era posible conocer al *cast* del musical.

Lo que no me esperaba era que mientras aguardaba a que salieran, de la nada vi a alguien que iba pasando con sus dos amigos que se me hizo algo familiar. Fue hasta que ya habían pasado en frente de mí y los vi de espaldas cuando reaccioné. ¡Era Tobey Maguire, el primer Spider-Man! Durante los últimos meses, cada día, cada semana, su nombre era tendencia gracias a las millones de teorías que había sobre si aparecería o no en la siguiente película de la saga, *Spider-Man: Sin camino a casa*, junto con Tom Holland y Andrew Garfield. Corrí para alcanzarlo y me sorprendí de que nadie más hubiera reaccionado, o quizá no lo habían reconocido.

Saqué mi celular y grabé cómo lo saludaba, me regresaba el saludo y me preguntaba cómo iba todo, y le hacía la pregunta cuya respuesta todo el mundo moría por saber. "¿Aparecerás en la siguiente película?" Solo gritó un fuerte "NOOO", mientras siguió caminando.

Subí el video a TikTok y captó la atención de todo el mundo. Tuvo más de 10 millones de reproducciones. Comentarios en inglés, francés, italiano, español. Y apareció en diferentes portales de noticias y canales de YouTube. Ahora sabemos que guardó el secreto muy bien y sí apareció en la película.

Cuando regresé a la puerta de los camerinos del teatro ya todos habían salido y se habían ido. Ni modo. No me importó. En cambio, había conocido al hombre del momento.

Los siguientes días fueron totalmente diferentes uno del otro. Un día estaba en Brooklyn rodeado de una vibra creativa e *indie* creando arte y otro en Wall Street en donde todos estaban apurados haciendo negocios y hablando de la bolsa y las acciones. Un día escribiendo y trabajando en la impresionante y clásica biblioteca pública y al otro en un café en Soho. Un día paseando por Grand Central y otro viendo arte en el MET. Un día en el Centro Rockefeller y otro en el mirador de vidrio en el piso más alto llamado The Edge.

Y no me olvidé del propósito original. Busqué las comunidades de emprendedores y fundadores que tanto había seguido en internet y también grupos de escritores.

También a diario dedicaba mis horas a trabajar en mi empresa. Tenía llamadas, *zooms*, planeaciones, revisiones financieras y mentorías. Aunque debo de aceptar que fue una prueba difícil.

No llegué a la ciudad y simplemente me llené de energía para mis proyectos, mi empresa y mi escritura creativa. De hecho, fue un problema muy grande que me llenara de energía de todo tipo. De todas las ciudades del mundo, creo que es en la que más encuentras de todo. Y todo trata de llamar tu atención.

Los primeros días no podía concentrarme en nada. Tenía juntas creativas, pero no salían ideas. Me sentaba a escribir, pero ni en mi libreta ni en mi computadora escribía una sola palabra.

Primero creí que era el clima. El día se acababa temprano. A las 4:30 p. m. empezaba el atardecer y a las 5:00 p. m. ya no había sol.

Después creía que eran las horas y mi reloj interno. Primero tuve un poco de *jet lag*, un desorden en el sueño; ahí estaba con tres horas de diferencia. Después cambió el horario en México la siguiente semana. Y otra semana después cambió el horario en Nueva York.

Asimismo culpaba a los lugares que visitaba. Todos los días buscaba los mejores cafés con las mejores vistas y las salas más modernas o las más acogedoras. Y mientras pasaba de café a otro café, pensaba que tenía que encontrar uno "que me inspirara más".

Hay una historia de una niña que, en su primer día de clases, su mamá le dice que tiene que prestar mucha atención al maestro. Toda la mañana, durante la clase, se la pasa repitiéndose a sí misma: "Tengo que poner atención. Tengo que poner atención". Hasta que sonó la alarma, acabó la clase y se dio cuenta de que no puso ni un minuto de atención. Así me sentía.

Qué ironía que mi empresa busca combatir precisamente ese problema. Cuando había hecho la maleta, apurado, olvidé mi bote de Infinite.

Un día desperté decidido a arreglar el problema. Quedaba una cosa por intentar. Simplificar. Si algo he aprendido es que cuando las cosas parecen complicarse o enredarse demasiado, hay que hacerlas más sencillas.

Hasta que pasaron varios días me percaté de que caminar tantos kilómetros y subirme tantas veces al metro y pasar por tan largas distancias en mi búsqueda por los lugares perfectos era lo que hacía que cuando por fin me sentaba a trabajar, ya estuviera agotado.

Así que ahora, en lugar de irme a buscar los mejores cafés o lugares para trabajar, perdiendo energía en eso, me iba a enfocar en despertar temprano e irme al café que tenía exactamente al lado.

Hasta después de comprobar que sí me había funcionado hacer eso, entendí la razón por la que los grandes empresarios tratan de hacer sus rutinas lo más simples posibles. Y también por qué la mayoría de los escritores prefieren escribir en oficinas o espacios de escritura dentro de su propia casa. Porque todo distrae y todo quita energía mental. Por eso también muchos han optado por utilizar la misma ropa todos los días. Mark Zuckerberg y Steve Jobs decían que no podían darse el lujo de decidir cada mañana qué ponerse, porque tenían que utilizar el mayor número de recursos mentales para arreglar los problemas del mundo y pensar en soluciones.

A partir de ahí tuve mañanas creativas y ocupadas una y otra vez en el mismo café. Hasta que terminaba, me iba a seguir disfrutando de la ciudad con nuevas experiencias y con las personas con las que estaba conectando.

"¿Qué le vamos a decir a todo el equipo cuando llegue el día 15 y no tengamos para completar los pagos de las nóminas?", nos preguntó Fernando en una de nuestras llamadas de las mañanas.

Tuvimos un gran silencio incómodo.

Estaba pasando lo inimaginable. Uno de los miedos más grandes de cualquier emprendedor cuando va empezando y quiere crecer es precisamente el de no completar el gasto o quedarse sin dinero para pagar los sueldos. Jamás me imaginé que un día nos fuera a pasar a nosotros.

"Ustedes hicieron que fuera un éxito, y ustedes hicieron que pasara esto. Así que resuélvanlo", nos dijo Luis, nuestro mentor, más tarde cuando estábamos revisando los números.

Desde que las ventas habían subido y nos habíamos hecho virales, también habíamos estado gastando mucho, crecimos el equipo y descuidamos algunos números.

Aunque apenas habían transcurrido dos o tres días de noviembre, las ventas habían estado prácticamente más bajas que nunca. En ceros.

Me sentí culpable porque mientras existía ese problema yo estaba "paseándome" por todos los lugares de Nueva York.

"Cuánto necesitamos y para cuándo", pregunté. "Doscientos mil pesos para el día 14."

Precisamente lo que nos estaba pasando es uno de los contras de no pedir inversión. Como no tienes los recursos que te dieron los inversionistas guardados para un año o dos de operaciones, dependes de las ventas en todo momento.

"Mi viaje está arruinado", pensé. Pero no me importaba, se tenía que hacer lo necesario para resolverlo.

Ya habían pasado varios meses que no hacía ningún video relacionado con By the land. Así que abrí TikTok. De entre todas las posibles soluciones, algo me decía que esa era la respuesta. Subí un video y, afortunadamente, otra vez, se hizo viral. En menos de dos días ya teníamos las ventas que necesitábamos y más.

Fue un gran respiro y, al mismo tiempo, un buen susto. Los siguientes días empezamos a idear y planear estrategias para que no nos volviera a pasar nunca más. Recortamos gastos y definimos indicadores financieros que revisaríamos a diario.

Y entonces sucedió lo que ni en sueños me hubiera imaginado.

4 de noviembre.

De la misma forma en que tuve que completar el proceso precisamente tres años atrás, estaba en mi computadora llenando un formulario para ser revisado y aprobado por los miembros del Servicio Secreto para poder acceder.

Me metí a bañar y, cuando estuve listo, salí con mucha anticipación. Quería llegar caminando para aprovechar el tiempo. Pasé por un croissant de mantequilla y un café al Starbucks que me quedaba cerca. Dos cuadras después ya estaba en Central Park. Caminé por toda la orilla y a la mitad de la Reserva Jackie Kennedy di vuelta a la derecha. Había llegado al Upper East Side de Manhattan. Reconocí fácilmente el lugar porque frente a las puertas estaba instalado todo un despliegue de seguridad de camionetas negras, policías y guardias que ocupaba toda la calle.

El Servicio Secreto revisó mis datos, mi información y mi prueba de vacunación. Seguí todos los señalamientos y cinco minutos después ya estaba listo para disfrutar el evento: una conversación entre Hillary Clinton y Huma Abedin. Misión cumplida. Esta ocasión no había pasado nada que hiciera que se cancelara el evento.

Mientras estudiaba y trabajaba con el alcalde, tuve la oportunidad de conocer a personas que estaban haciendo o habían hecho un gran trabajo en el país a nivel nacional. Estuve en el mismo cuarto o en las salas de juntas en donde mi exjefe veía a empresarios, presidentes, expresidentes, senadores, secretarios y gobernadores. Una vez hasta estuve dentro de la misma camioneta en la que iba una de nuestras primeras damas, Margarita Zavala. Una vez hasta fui el responsable de estar al pendiente de la reunión y pagar su cuenta en el restaurante en el que estábamos.

Lo que hacía esas veces era poner mucha atención en los detalles. Me interesaba saber cómo se organizaban todas esas personas. Me imaginaba que tenían un equipo de expertos siempre con ellas. Aunque, honestamente, en ninguna de esas ocasiones me sorprendí o vi algo espectacular. A veces hasta me decepcionaba porque en la mayoría de esas juntas nunca vi a alguien tomando nota de los acuerdos, ni puntos de acción o minutas. Para mí eso es lo básico. En las juntas puede hablarse mucho, pero si no hay un seguimiento puntual, de nada sirve.

Esta era una ocasión y una experiencia totalmente diferente. Me sentía en un ambiente mucho más profesional, dedicado, organizado y apasionado.

La razón del evento, lo cual sumaba grandes puntos a mi curiosidad, era la presentación del libro de Huma, la asistente de Hillary durante los últimos 26 años. Me parecía increíble cómo alguien que inició como una becaria en la Casa Blanca ahora estaba presentando su libro para contar cómo fue toda esa experiencia que ha vivido controlando y organizando la vida de una primera dama, después senadora, secretaria de Estado y la primera mujer candidata a la presidencia.

En el *lobby*, antes de pasar al auditorio, reconocí muchas caras que había visto cientos de veces en las noticias. Había círculos de extrabajadores de la Casa Blanca, *staff* de las campañas y presentadores famosos de noticias de cadenas de televisión estadounidenses. En pocas palabras, parecía que estaba en Washington, D. C.

Cuando entró Hillary en compañía de Huma todo el auditorio estalló en un aplauso. Sí, incluido yo. Nueva York fue y ha sido siempre una de las ciudades más progresistas y en donde más han apoyado sus campañas y proyectos.

Empezó la plática. Fue inspiradora, divertida y llena de detalles y anécdotas que contaban entre las dos. No lo voy a negar, mientras estaba ahí sentado me olvidé de todo y disfruté enormemente del momento. Qué sería la vida sin esos días.

Hay muchísimos artículos que hablan sobre lo eficiente que es Huma. Y debe serlo como para mantener en orden la vida de alguien tan ocupado. Pero además de artículos de su buen trabajo, también hay muchas conspiraciones y notas de su vida privada. Una de las mejores explicaciones que dio esa noche sobre por qué escribió un libro fue cuando dijo: "Me di cuenta de que mientras yo me quedaba callada, alguien más me estaba tratando de definir y por lo tanto eran los demás quienes estaban contando mi historia".

Me hizo mucho sentido. Cuando estás escribiendo la historia de tu vida, no deberías dejar que alguien más tenga la pluma.

"Quiero que sepan que esta mujer —dijo Hillary refiriéndose a Huma— ha estado llevando la carga de trabajo normal, que es gigantesca, y además ha estado trabajando muy duro para ayudarme a sacar en aviones privados y de diferentes gobiernos al mayor número de mujeres de

Afganistán. Sobre todo las que consideramos que están en 'Lista de muertes'."

Como siguió explicando, el talibán, después de tomar el control, tiene la lista de mujeres que hasta ese año habían estado emprendiendo, estudiando, fundando organizaciones y saliendo adelante por ellas mismas.

Sentí como si el corazón se me hubiera detenido al imaginarme en esa situación. ¿Qué haría yo si de repente en mi país, en el que he emprendido, estudiado y en el que he dado todo mi máximo, me empezaran a perseguir a muerte por haber hecho eso?

Fue un recordatorio, aunque uno muy crudo, de que siempre habrá muchas cosas por hacer, personas a las que ayudar y causas por las que luchar, sin importar en dónde vivas o quién seas. Y siempre se puede hacer algo al respecto.

"Es en los tiempos difíciles y oscuros cuando más puedes hacer el bien. Y un consejo a los más jóvenes: intenten y fallen, y vuelvan a intentar. Lo que viene será difícil, pero lo difícil es lo que lo hace extraordinario. Yo creo en ustedes, pero es más importante que tú creas en ti."

Contrario a lo que me había cuestionado tres años atrás, conocer en persona a uno de mis ejemplos a seguir me hizo sentir más inspirado e incluso me recordó todas las razones por las que la admiro. Si de algo estaba seguro era de que a mis 75 años quiero tener esa misma energía, entrega y pasión por seguir trabajando en lo que yo crea que es lo correcto.

En ese evento, a diferencia de tres años atrás, no hubo boletos con opción de *meet and greet*, es decir, no había un espacio privado para poder tomarnos una foto y platicar, pero eso no me detuvo.

Cuando acabó la plática salí lo más rápido que pude del auditorio, di la vuelta en la esquina y fui directo a la puerta de *backstage*. En un segundo calculé mis opciones. La calle estaba cerrada al tráfico. La salida de la puerta estaba protegida por vallas de seguridad y estaba lleno de agentes del Servicio Secreto. Si me iba por otro lado para evadir las vallas, los imponentes agentes seguramente me detendrían o, peor, me derribarían. Así que esperé como los demás, detrás de las vallas.

Hillary salió con más agentes del Servicio Secreto al frente y detrás de ella, dos asistentes y un vocero de medios. Su equipo la iba dirigiendo a su camioneta entre frases de: "Tenemos que irnos, *Madam Secretary*" y "Nos están esperando". Volteó a ver a donde estaba yo junto con más personas y se acercó a saludarnos.

No sé exactamente cuánto tiempo fue, o si pasaron segundos o minutos, pero al menos pude presentarme, hablar un poco de cómo estaba la situación en México, a qué me dedicaba y los consejos que ella había dado que me habían servido. Estaba perfectamente al tanto de lo que pasaba en Latinoamérica, e incluso mencionó diferentes personajes del gobierno actual.

"Pase lo que pase, sigue adelante", con eso se despidió. Terminó de saludar a otras personas. Se subió a una de las suburban negras con placas "VIP-053" y arrancaron.

Un minuto después se sentía un ambiente mucho más relajado.

Esperé a que saliera Huma. Como ya no había tantos guardias, cuando la vi salir de la puerta esquivé una de las vallas y fui el primero en presentarse ante ella. Uno de los guardias del teatro empezó a gritarme, pero ya era demasiado tarde. Huma ya estaba platicando conmigo y firmando mi ejemplar del libro.

Esa noche no dormí. Estuve leyendo toda la madrugada.

Creí que el libro estaría lleno de historias en la Casa Blanca y anécdotas detrás de cámaras de la campaña presidencial de 2016. Y sí, pero también cuenta mucho de sus orígenes, de su cultura musulmana, cómo creció, sus valores, sus aspiraciones, sus creencias y sus prácticas. Una de las cosas que me parecen increíbles es el concepto de comunidad que tienen.

Aprendí que una de las mayores creencias al ser musulmán es saber y entender que no eres perfecto, pero aun así siempre debes de tratar de ser mejor y ayudar a los que te rodean a serlo.

Parecía coincidencia, pero una de las personas que estaba justo a un lado de mi cuarto era un musulmán. Así que todas mis dudas y los temas que veía en el libro en los que me interesaba profundizar los podía platicar con él.

Recordé las palabras de John Amos: "Todos somos ciudadanos de un solo mundo, todos somos de una misma sangre. Odiar a las personas porque nacieron en otro país, porque tienen otra religión, porque hablan un idioma diferente, o porque tienen una opinión diferente sobre un tema, es una gran locura. Desistan, les imploro, de esa ideología. Tengamos un solo fin: el bienestar de toda la humanidad".

Cuando vi salir el sol y escuché que sonaba mi alarma, cerré el libro y recordé qué día era. Y me preparé para un festejo más. Era mi primer cumpleaños solo.

Después de una junta rápida de seguimiento con mi equipo tomé el metro decidido a ir a un lugar en específico.

Cuando estuve en Viena olvidé totalmente que uno de los puntos que más me importaba visitar era la sede de las Naciones Unidas. Así que ahora en Nueva York no lo podía dejar pasar.

Para llegar, tomé el metro y bajé en la imponente Grand Central y desde ahí caminé varias cuadras más.

Mientras me acercaba, tan solo con ver las banderas de todos los países ondeando en la entrada, me dieron escalofríos. Estaba caminando por donde cientos de embajadores, presidentes y representantes de los países también lo habían hecho. Y pensé en la historia y los acuerdos que se han logrado. Sobre todo, lo que se ha evitado.

Tal vez a los mexicanos nos parece extremadamente lejana la época de guerras y conflictos bélicos, porque no fuimos parte de esa historia ni sufrimos las consecuencias. Cuando tuve la oportunidad de estudiar en Polonia y conviví con jóvenes, adultos y personas mayores, pero sobre todo cuando visité los horribles lugares como los campos de concentración en Auschwitz, reflexioné que todos esos sucesos son en realidad muy recientes. Cada familia, por lo menos, tiene a una persona que desapareció o que estuvo en los campos de concentración. La mayoría de los adultos vivió también la ocupación soviética.

Esos conflictos marcaron el inicio de las Naciones Unidas. Y ahora, en el presente, aunque no hay una guerra mundial, sí hay muchos problemas y conflictos que se deben resolver Hemos tenido alertas importantes, como la caída del gobierno en Pakistán y la reciente invasión rusa en Ucrania.

Cuando siento impotencia al no poder hacer nada por los problemas del mundo, recuerdo lo que dijo Eleanor Roosevelt: "Los derechos humanos inician en los pequeños lugares cerca de casa; tan cerca y tan pequeños que no pueden verse en los mapas del mundo. Sin embargo, son el mundo de la persona individual: la colonia donde vives, la escuela donde estudias, la empresa en la que trabajas". Eso me recuerda que sí puedo aportar con lo que yo hago para hacer un cambio.

Hoy me siento orgulloso al decir que México fue de los únicos países que votaron en contra de la guerra en Irak en 2002. Y aunque Bush aun así lo hizo, por lo menos tuvo todas las repercusiones dentro de las Naciones Unidas, gracias a México y otros pocos aliados.

Cuando tenía el edificio emblemático frente a mí, sentía que estaba visitando la tierra prometida. Caminar por los salones, la Asamblea y el Consejo de Seguridad te da la sensación de que estás en el lugar más importante de todo el mundo. Me sentí la persona más inspirada y motivada para actuar y lograr un cambio. Justo como lo hacen las personas que trabajan ahí a diario. Ya que era viernes, me tocó ver cómo era un día de trabajo normal. Fue una experiencia que no sé cuándo se vuelva a repetir. Y tener la oportunidad de platicar con alguien que trabaja ahí mientras te cuenta apasionadamente lo que hace es pura magia.

Me enteré de que cuatro días después de que fui, el 9 de noviembre, el presidente de México también estuvo ahí para asumir la presidencia del Consejo de Seguridad.

Espero que sigamos actuando con dignidad.

Mientras iba caminando a la salida una de mis abuelitas me llamó por teléfono para felicitarme y estuvimos platicando un rato de lo que había hecho y los lugares que había visitado.

Al final, ya casi para despedirse y con la voz muy entrecortada y llorando, me dijo que le daba mucho sentimiento y al mismo tiempo orgullo que me estuviera yendo bien. "Es que yo vi y estoy de testigo todo lo que estudiaste y trabajaste día y noche. Aquí te desvelabas en mi casa con tu computadora. Y mira ahora lo que haces y lo que estás logrando y todo porque lo has trabajado." Al final nos despedimos los dos llorando.

En la noche fui a Brooklyn. De regreso caminé a lo largo de todo el puente hasta llegar a Manhattan. La vista de los edificios parecía irreal, como si fuera una foto. Pero mientras veía tantos edificios, tantos carros, tantas personas, me quedé pensando. Pasar ese cumpleaños solo me puso muy reflexivo.

Tantas ideas, tantos planes, tanto tiempo y dedicación, decisiones, conflictos, fracasos y todo por lo que había pasado los últimos años me habían llevado hasta ahí: a dedicarme a lo que siempre quise hacer y a un proceso continuo para convertirme en la persona que siempre quise ser.

Pensaba en un proverbio de Bran Stark: "Todo lo que has hecho te ha traído a donde estás ahora: donde perteneces".

Adolfo, el más chico de mi equipo, pero no por eso menos responsable, me pidió una entrevista por Zoom para una de sus clases. Me dijo que le habían encargado contactar a alguien a quien admirara para hacerle algunas preguntas.

Cuando terminamos, me dio las gracias y me dijo: "Disfruta, Alf. Cuando tengas 80 años vas a acordarte de la vez que en tus veintes te fuiste a Nueva York a terminar de escribir tu libro".

De ahí en adelante cada mañana me hacía la misma pregunta. ¿Qué memoria vas a crear el día de hoy? Viéndolo de esa manera, disfruté mucho más cada día como si fuera una aventura. Porque sí lo era.

14

UNA Y OTRA VEZ

Antes de regresar a mi casa quise hacer una última parada.

Siempre utilizo los ejemplos de los emprendedores de Silicon Valley y ni siquiera había ido a comprobar si era cierto que había una cultura diferente e innovadora y si era el mejor lugar en todo el mundo para tener una idea y convertirla en una empresa.

Aterricé en San Francisco, con muchas expectativas, y tomé un Uber directo a Palo Alto.

Llegué a mi Airbnb y me recibió Celma, *host* y dueña de la casa. Me presentó a Milky, su perrito, y al instante nos hicimos amigos. Me mostró cuál era mi cuarto, me dio un tour por el resto de la casa y me enseñó la contraseña para abrir la puerta principal.

Acomodé mis cosas, agarré mi mochila, guardé mi computadora y salí a explorar.

A la vuelta tenía la calle principal. Le tomé una foto al letrero de la calle que decía "University Av." y se la envié por mensaje a Pamela Valdés: "¿Adivina en dónde estoy?". "Palo Alto", me respondió al instante. Ella vivió ahí por mucho tiempo durante su aplicación a la aceleradora de negocios más famosa en el mundo, Y Combinator.

Tiene ese nombre porque si caminas todo derecho, en 10 minutos llegas a la universidad de Stanford. En muchos libros y artículos cuentan, entre bromas, que esa calle trae buena suerte. Es en donde se instalaron los primeros *headquarters* u oficinas de muchas famosas empresas. Todas empezaron ahí.

Una de las primeras cosas que noté era que no había ruido en la ciudad. Luego de varias semanas en Nueva York, tal vez se me hizo normal acostumbrarme a que a todas horas, sin importar en dónde estuvieras, escuchabas el ruido de los policías, camiones, música, reparaciones en las calles y helicópteros. Aquí era lo contrario. Ni siquiera se escuchaban los carros porque la mayoría eran Tesla o autos eléctricos.

Probablemente en cualquier otro momento de mi vida hubiera querido huir a una ciudad con mucha más acción. Pero dos cosas eran diferentes. Venía precisamente del lugar más agitado del mundo. Y dos, sabía que aquí, aunque no hubiera edificios ni aparentemente tantas cosas que hacer, como cines, atracciones turísticas o bares, había acción académica, financiera y emprendedora muy intensa.

Era viernes por la tarde así que sabía que probablemente todo el mundo ya estaría descansando. Me di el tiempo de relajarme un poco y disfrutar de la pequeña ciudad. Era como una villa, nueva y moderna. Fui a cenar un delicioso pollo frito y antes de regresar al Airbnb me compré una *t-shirt* roja que decía "Stanford". Todos llevaban puesta una igual. Y ya sabes el dicho: "Cuando estás en Roma, haz como los romanos".

Antes de quedarme dormido, vi una de las películas que acababa de estrenar Netflix, *Tick, Tick... Boom!*, con Andrew Garfield. El musical cuenta la historia real de un escritor de musicales que soñaba con llegar a Broadway. Pasó ocho años trabajando en una obra que al final fue rechazada. Y siguió intentando e intentando, hasta que hizo uno de los musicales más importantes de toda una época. Al final el mensaje con el que me quedé al ver todo el fracaso que enfrentó es que jamás debes dejarte intimidar por el miedo ni el tiempo. Y que las acciones hablan más que cualquier palabra.

También volví a ver *Soul*, de Pixar. Me emocioné cuando escuché la frase: "La vida está llena de posibilidades. Solo necesitas saber dónde buscar". Tenía la esperanza de estar en el lugar correcto.

Lo primero que hice a la mañana siguiente fue dar un tour en Stanford. Es uno de los campus universitarios más grandes de Estados Unidos. Caminar por los pasillos de los edificios distintivos color arena y la Torre Hover fue algo que siempre había querido hacer. No tenía una agenda ese día, y caminar siempre da ideas nuevas y más rodeado de ese ambiente. Abrí la app de notas de mi iPhone y la llené de todo lo que se me estaba ocurriendo para aplicar y hacer en mi empresa apenas estuviera de vuelta.

A mitad del día me senté en el Coupa Café. Cuenta la leyenda que ahí se han presentado los prototipos iniciales a inversionistas de las empresas tecnológicas más grandes de este momento. Así que, por si las dudas, yo también me puse a trabajar ahí por un rato, para seguir el mismo destino. Como decían los blogs, confirmé que las otras mesas estaban llenas de personas trabajando en ideas para sus empresas.

Revisé por última vez mi agenda antes de iniciar la semana. Christian me había ayudado a buscar los mejores eventos para aprovechar que estaba ahí. En total eran cinco: *1)* Preguntas y respuestas sobre inversión, finanzas y cómo *pitchear* tu empresa; *2)* Haz *match* con un mentor o cofundador, que era una noche de *networking*; *3)* Ventas, marketing, adquisición de usuarios y crecimiento; *4) Networking* rápido en San Francisco, y *5)* Plática sobre ángeles inversionistas, *tech startups* y negocios.

Cada evento fue una experiencia diferente.

Llegaban personas de todas las edades, de diferentes países y en distintas etapas. Pero nos unía una sola cosa: resolver un problema por medio de nuestras ideas y emprendimientos.

Unos estaban apenas pensando qué emprender, otros llevaban sus prototipos, algunos estaban iniciando una firma de *venture capital* para invertir, y otros ya llevaban años con su empresa. También llegaban empleados de Google, de Facebook o de Netflix. Debo reconocer que cuando estos llegaban, eran los que más llamaban la atención y todo mundo quería platicar con ellos. Hasta que nos dábamos cuenta de que no eran extraterrestres ni eran las personas más inteligentes del planeta, sino solamente personas como nosotros que también tenían alguna idea de negocio, además de su trabajo.

Me sentía a gusto platicando con personas que entendían los conceptos, indicadores y estrategias que manejamos en mi empresa, como si habláramos el mismo idioma o lenguaje técnico. Y al mismo tiempo estaba aprendiendo mucho más de lo que ya sabía, y me encantaba. Yo estaba al igual que los demás, como un libro abierto, contando muchos detalles y experiencias para que me pudieran aconsejar de forma correcta.

Incluso cuando no había ningún evento y simplemente estaba en algún Starbucks, veía que los de atrás o al lado revisaban el diseño de alguna aplicación o hablaban sobre una posible inversión.

Sí. Era verdad lo que decían en todas partes. Es el mejor lugar para un emprendedor.

Antes de usar el internet por primera vez en mi vida, en mi casa teníamos una enciclopedia digital que estaba guardada en discos compactos. Eran como páginas de Wikipedia, solamente que no se actualizaban con el tiempo. Yo apenas estaba en primaria. Uno de mis pasatiempos favoritos era buscar biografías en esa enciclopedia y leerlas. No sabía nada de Apple, ni existían aún los iPhones ni iPods, solo sabía que en casa de mi abuelita había una computadora roja que se veía muy moderna y tenía el dibujo de una manzana mordida. Pero sin relacionarlo con eso, una de las biografías que me habían parecido más interesantes era la de Steve Jobs. Guardé todo su texto en un disquete y les pedí a mis papás que me lo imprimieran porque lo quería estudiar a profundidad.

Nunca me imaginé que 20 años después iba a visitar el garaje que mencionan en ese texto que imprimí y que pasé días estudiando por mi cuenta.

Cuando llegué a la vieja y clásica casa en el número 2066 de Crist Drive, ya sabía toda la historia. Es nada más ni nada menos que el garaje en donde Steve Jobs y Steve Wozniak idearon y trabajaron en sus primeras computadoras.

Aunque es una simple casa, es donde todo comenzó. Así como los lugares históricos guardan la emoción del momento del que fueron parte, en ese garaje se sentía la vibra de la grandeza y la energía de los nuevos comienzos. Mientras estaba ahí parado, contemplando nada más que la casa y recordando lo que alcanzaron después a partir de ahí, por mi mente pasaron unas sencillas palabras: *tienes que soñar más en grande*.

Me puse mis audífonos y le di *play* a uno de los mejores discursos que he escuchado en mi vida: el que dio Steve en una de las graduaciones de Stanford.

"La única forma de estar verdaderamente satisfecho con tu vida es hacer lo que tú creas que es un buen trabajo. Y la única forma de hacer un gran trabajo es amar lo que haces. Si aún no lo has encontrado, sigue buscando. No te *conformes*. Como ocurre con todos los asuntos del corazón, lo sabrás cuando lo encuentres."

La única manera en la que yo encontré lo que me gustaba era intentando miles de cosas diferentes. Y tal y como dijo Steve en su discurso, supe lo que más me llenaba al momento de encontrarlo. He tenido la suerte de dedicarme a eso desde entonces, aprendiendo y cambiando en el camino.

Se me hizo curioso. Antes de graduarme creía que con el título universitario en la mano iba a tener la vida resuelta, o que por lo menos iba a tener las respuestas para toda mi vida de ahí en adelante.

Al día siguiente me enfrenté a la pregunta *¿y ahora qué?* por primera vez. Pero me había vuelto a enfrentar a la misma pregunta cada vez que cumplía otra gran meta, una tras otra. Cuando publiqué mi primer libro, cuando lanzamos mi empresa, cuando llegué a los mejores lugares en las listas más importantes, cuando me entrevistaron los medios de comunicación más grandes, cuando cumplimos la gran meta que teníamos de ventas, y la lista sigue y sigue.

He visto que algunas personas se ven apagadas, como si no tuvieran rumbo o nada les gustara. Tal vez cumplieron una gran meta y no volvieron a hacerse la pregunta: "¿Y ahora qué sigue para mi vida?". Esconden todo su potencial, como si apagaran su luz.

Por mucho tiempo me he quedado pensando en el significado de la felicidad o del propósito que todos buscamos. Hay varias definiciones y muchos pasamos tiempo pensando cuál es. Pero tal vez lo más fácil que puedes hacer es simplemente aprender a leerte, escucharte, excavar en tu mente y confiar en tu instinto. Los problemas empiezan cuando no lo seguimos, pero ahí están siempre las respuestas para saber cuál es tu manera de hacer las cosas o cuál es el siguiente paso, el correcto.

No tienes que emprender, ser un artista o crear una obra de arte para ser feliz. Solo preguntarte qué quieres y qué sigue para ti una y otra vez. Emerson decía que la felicidad es tan simple como ser útil, ser honorable, ser compasivo, hacer alguna diferencia y el haber vivido bien.

En ese momento acepté que por lo menos mi vida se trataría de eso. De soñar cada vez más grande y de volver a hacerme esa pregunta constantemente. Hacer planes de nuevo, cumplirlos, y otra vez.

Hay mucho por descubrir, mucho por pensar, mucho por ayudar, mucho por hacer y mucho por vivir. No me voy a detener, y tú tampoco deberías de hacerlo.

Como bien dice Mario Benedetti: "No rendirse, que la vida es eso: continuar el viaje, perseguir tus sueños".

Celma se aseguró de que me sintiera como en casa.

También tenía la compañía de Milky. Varios días después vi que tenía un pequeño paño blanco en los ojos; ya no veía. Había estado toda su vida en esa misma familia y ya se sabía de memoria su rutina y la disposición de la casa. Se veía contento todo el tiempo. Hasta tenía su propia puerta para ir al jardín y siempre salía y entraba.

Para desayunar Celma me preparaba dos huevos revueltos con tomates cherry cortados en pequeñas partes y queso mozzarella.

"¿No te estoy distrayendo?", me preguntaba Celma, antes de ponerse a tocar en un piano clásico de cola. La respuesta era lo contrario. En lugar de ponerme mis audífonos con música que ya había escuchado una y otra vez, tenía mi propio concierto personal.

Me sentía como en una película. Yo trabajaba desde un escritorio que estaba pegado a una gran ventana, y desde ahí disfrutaba la vista al bonito jardín que tenía en medio un gran árbol de naranjas. Al lado mío una taza de café recién hecho, escuchando cómo tocaba el piano.

Qué increíble descubrir que en ocasiones esos pequeños momentos que duran instantes son los que más te llenan y te hacen sentir que todo lo que haces vale la pena.

No me fui sin anotar cuáles eran las piezas musicales que estaba tocando. Nunca las había escuchado antes, pero eran hermosas. Fueron recuerdos nuevos, así que sabía que, en el futuro, en cinco, 10, o 50 años que busque esas mismas melodías de piano, mi memoria recordará esa escena, ese día y ese tiempo.

No quería regresar a mi casa después de tantas experiencias que había juntado en los últimos viajes. Y menos después de haber estado tan a gusto, aprendiendo y disfrutando. Pero al mismo tiempo me sentía listo, otra vez, para buscar lo siguiente y cumplirlo. Mis libretas estaban llenas de notas, ideas y planes. Era el momento de hacerlas todas realidad.

Me sentía más valiente, determinado y confiado que antes.

Tomé el último vuelo a casa. Como es costumbre, saqué mi libreta Moleskine, una pluma azul y dejé que mi mente volara.

Es impresionante. Parece que fue ayer cuando aún era estudiante y entré a mi primer trabajo, pero fue hace 10 años. Parece que fue ayer cuando pisé por primera vez Europa y Corea, pero fue hace cinco. Parece que fue ayer cuando publiqué de manera independiente mi primer libro, pero fue hace tres. Y parece que fue ayer cuando después de meses de preparación, lanzamos mi empresa, pero fue hace dos.

En una de las hojas anoté un recordatorio personal: "Lo que haga hoy siempre va a parecer que fue ayer, aunque haya pasado una eternidad".

Por todas partes escucho que debemos tener paciencia y esperar a que las cosas se den. Pero entre más me pongo a pensar, realmente no tenemos tiempo, la vida va muy rápido. Y un problema es creer que sí lo tenemos. Por eso aplazamos, posponemos o no actuamos. Y sobre todo no hay tiempo para pensar en lo negativo, estar enojados, ofendidos y menos viviendo tu vida bajo los términos que ponen los demás.

Cuando el capitán anunció que estábamos a punto de aterrizar, vi por la ventana. Ahí estaba México, mi querido país.

Con lo mucho que aprendí y absorbí de tantas personas con experiencia y de tantos lugares, me hice consciente de que ahora me tocaba a mí aplicarlo, pero bajo mi propio contexto. Es imposible replicar el camino que ya vivió alguien más. Así que, de ahí en adelante, estaba listo para descubrir mi propio camino, descubrir mis propios retos y escribir mi propia historia.

Aunque tengo mis *role models* o ejemplos a seguir muy bien seleccionados, lo que más aprendo de ellos es que precisamente no siguen el ejemplo de nadie más.

En el aeropuerto ya me estaban esperando mi mamá y Natalia. Pasé la tarde con mis papás y mis hermanas contándoles las cosas que más me habían gustado, los lugares que les recomendaba y les enseñaba fotos y videos que no les había mandado. Aunque me había ido poco tiempo, sí los extrañaba.

También fui a visitar a todos mis abuelos.

Debo de aceptar que durante todos estos años, la mayoría de las veces cuando tengo que decidir entre las cosas que tengo que hacer o visitarlos con más frecuencia o asistir a los eventos familiares, elijo seguir trabajando en lo que sea que tenga enfrente, y soy totalmente consciente. Hace poco leí un texto que me hizo reflexionar: "Cuando seas mayor, vas a desear que tus hijos exitosos te llamen y te visiten constantemente". Nunca lo había pensado de esa manera y es algo en lo que prometo que seguiré trabajando.

En la noche, ya en mi computadora, revisé mis correos, las estadísticas de mi empresa y abrí Notion. Ahí me puse al corriente con las acciones de la semana y las juntas que mi increíble equipo había tenido en la mañana, en las que no pude estar porque durante esas horas me encontraba en medio de mi vuelo.

Y me quedé dormido, seguro del futuro que a todos nos esperaba juntos. Yo iba a estar ahí, en cada parte del camino, para asegurarme de que así fuera.

La siguiente mañana tenía una junta temprano de revisión de finanzas con mis socios. También tocaríamos algunos puntos importantes sobre lo que seguía.

Me desperté temprano, me preparé un jugo de piña y antes de conectarme fui a buscar una lista que tengo en uno de los cajones de mi cuarto. Es una lista larga de afirmaciones y mantras. Dependiendo de cómo me sienta cada día, conecto con la afirmación indicada. Esa mañana, la que más me llamó la atención fue: "Mis posibilidades son infinitas". La repetí varias veces en mi mente.

A las nueve en punto abrí mi computadora y entré a Zoom.

Habían pasado varios días desde que no hablábamos y los tres teníamos *feedback* y comentarios de lo que había estado pasando en la empresa. Eso nos tomó unos 20 minutos. Después nos fuimos directo a la revisión de números. Iba excelente el mes, pero siempre puede ir mejor, y además en una empresa, el dinero nunca es suficiente.

Como hemos hecho en ocasiones anteriores, los tres expusimos nuestras opiniones y puntos de vista. En algo estábamos de acuerdo: queríamos mucho más.

A la mitad, me preguntaron qué era lo que había percibido en Silicon Valley. Les conté mi experiencia, lo que había aprendido de las personas con las que había conectado y lo que me habían dicho algunos inversionistas. Estaban interesados y les llamaba mucho la atención lo que estábamos haciendo.

Casi nunca nos detenemos a pensar en lo que hemos obtenido ni en el camino recorrido.

Me acordé de un diálogo de *Soul*, que había visto días atrás:

Escuché esta historia sobre un pez. Él se topa con un pez viejo y le dice:

—Amigo, estoy buscando esa cosa a la que llaman océano.

—¿El océano? —le dice el otro pez—. Eso es en lo que estás ahora.

—¿Esto? —le responde el joven pez—. Esto es agua. Lo que quiero es el océano.

Era impresionante cómo cuando les contaba los detalles a personas de Nueva York o Silicon Valley sobre cómo habíamos empezado y los resultados que estábamos obteniendo en By the land, quedaban intrigados y me felicitaban.

Pero nosotros, por perseguir siempre un número más alto, no nos dábamos cuenta de lo que ya habíamos alcanzado. Estábamos buscando el océano sin comprender que estábamos en él. Como si tuviéramos oro, pero quisiéramos cambiarlo por algo más brillante.

Eso, a los tres, nos quitaba la seguridad de que teníamos una empresa increíble para ir a presumirla, presentarla y evaluarla. Y se nos olvidaba que además habíamos empezado con cero pesos de inversión y ahora estaba generando millones. ¿Qué inversionista no estaría interesado en una empresa como la nuestra?

Ahora sabíamos que era el momento de una decisión importante. Los tres teníamos demasiadas ideas y mucho que dar, pero para eso necesitaríamos más capital.

Para evaluar las opciones hicimos una balanza con los pros y los contras, y aunque sabíamos que sería difícil, nos fuimos por la decisión correcta, aquella que habíamos postergado anteriormente.

Iríamos en búsqueda de capital e inversión para crecer By the land.

El mundo de las VC o *venture capitals* es enorme, y muy serio. Sabíamos que teníamos que pedir consejos de personas que conocíamos que ya lo han hecho, preparar documentación, pulir los números y los estados financieros, presentar la visión y la misión, revisar la contabilidad y el área fiscal y legal, y hacer el trabajo difícil de salir y presentar nuestra empresa.

¿Nos incomodaba? Sí. Salir de la zona de confort siempre es así. ¿Nos daba miedo? Por lo menos a mí sí. Era como entrar a otro nivel o a las grandes ligas. Pero ¿era lo que queríamos? Definitivamente.

El resultado, estábamos seguros, sería causar un mayor impacto y un cambio en toda Latinoamérica. Así que no había vuelta atrás ni momentos para dudar. Era un gran reto. No lo haríamos solos. Y sabíamos que podíamos.

Los tres acordamos que sería el siguiente paso. De un momento a otro, ya tenía definida mi siguiente gran aventura, una que duraría años. Pero tenía la mejor compañía, la de mis dos mejores amigos, mis dos grandes socios.

Terminando esa llamada los tres nos volvimos a conectar, pero ahora con el resto del equipo. Teníamos nuestra WIFLE para expresar cómo estábamos.

En una entrevista que tuvo en *The Howard Stern Show*, Lady Gaga cuenta que ya se sentía realizada desde mucho antes de tener éxito, porque estaba haciendo lo que más le gustaba. Me sentía igual.

Cuando fue mi turno de participar, expresé lo primero que se me vino a la mente: "Aunque hay mucho por hacer y aún tengo muchas metas por cumplir, el día de hoy me siento realizado, contento y acompañado".

Después seguí escuchando cómo se sentían los demás y las anécdotas y aprendizajes que cada uno contaba. Somos un gran equipo, y sé que entre más crezcan ellos, creceremos todos y crecerá la empresa.

Fue un gran miércoles en el que tomamos una decisión muy importante. Y sé que no lo olvidaré jamás.

Quedaba una última cosa por hacer.

Llegué a mi oficina y me puse a acomodar papeles y notas. Hace mucho tiempo que no estaba ahí. Incluso no había ido por muchos meses antes de irme a Disney, Nueva York o Silicon Valley.

Eran tiempos de reorganizarme y hacer los planes para la decisión que habíamos tomado un día antes, y me pareció un buen lugar para empezar. Busqué nuevos libros que sabía que me iban a ayudar en el camino, artículos que hablaban sobre cómo pedir inversión y escarbé en mis contactos quién nos pudiera aconsejar. Al final abrí mi computadora y me puse a hacer el plan de acción.

Cuando terminé de escribir mi nuevo plan, tomé mis cosas y me fui al café que está cerca de mi casa. Pedí lo de siempre, un croissant y un *caramel macchiato*. Me senté en una de las mismas mesas que he ocupado por años, en la que he estado sentado tantas horas ideando. Me dio algo de nostalgia, ahí nacieron muchos proyectos. Se sentía bien volver.

Pensé en todo lo que tenía que hacer. Siempre el primer paso es el más difícil, y puede haber algo de resistencia, pero una vez que lo das, ya no hay vuelta atrás, y todo se ve más fácil de ahí en adelante.

Pero antes que nada, mi café.

Una pregunta volvió a aparecer en mi mente.

Cuando logres esto nuevo que te estás proponiendo, ¿qué seguirá después?

No lo sé. Pero viviré cada minuto y cada día de cada nueva aventura.

Desayunando, comiendo y cenando mis propios proyectos, una y otra vez.

Tengo algo que contarte de Alfonso Aguirre
se terminó de imprimir en noviembre de 2022
en los talleres de
Impresora Tauro, S.A. de C.V.
Av. Año de Juárez 343, col. Granjas San Antonio,
Ciudad de México